出口汪《ひろし》の㊗新日本語トレーニング

基礎国語力編（上）

ステップ1～5

正しく読むための練習

出口汪／著

目次

　この巻では新美南吉《にいみなんきち》（1913～ 1943）の童話「赤いろうそく」と「手袋を買いに」の二編をもとに、日本語について練習します。

　新美南吉は愛知県生まれ。東京外国語学校英語部を卒業し、貿易会社に勤めますが、体が弱かったために退職して、郷里の高等女学校で英語の先生になりました。三十歳の若さで結核《けっかく》のために亡くなっています。

　十代の終わりころから童話を書きはじめ、そのころ書いた『ごんぎつね』は、いまも小学校の教科書にのっているので、たいへん大勢の人に読まれています。心の優しさを感じさせる作風で、童話の世界では宮沢賢治《みやざわけんじ》とならんで愛読されています。

小学館

衝撃のイントロ・コミック！

正確な日本語できますか？

日本語トレーナー参上！の巻

作／したらみな子

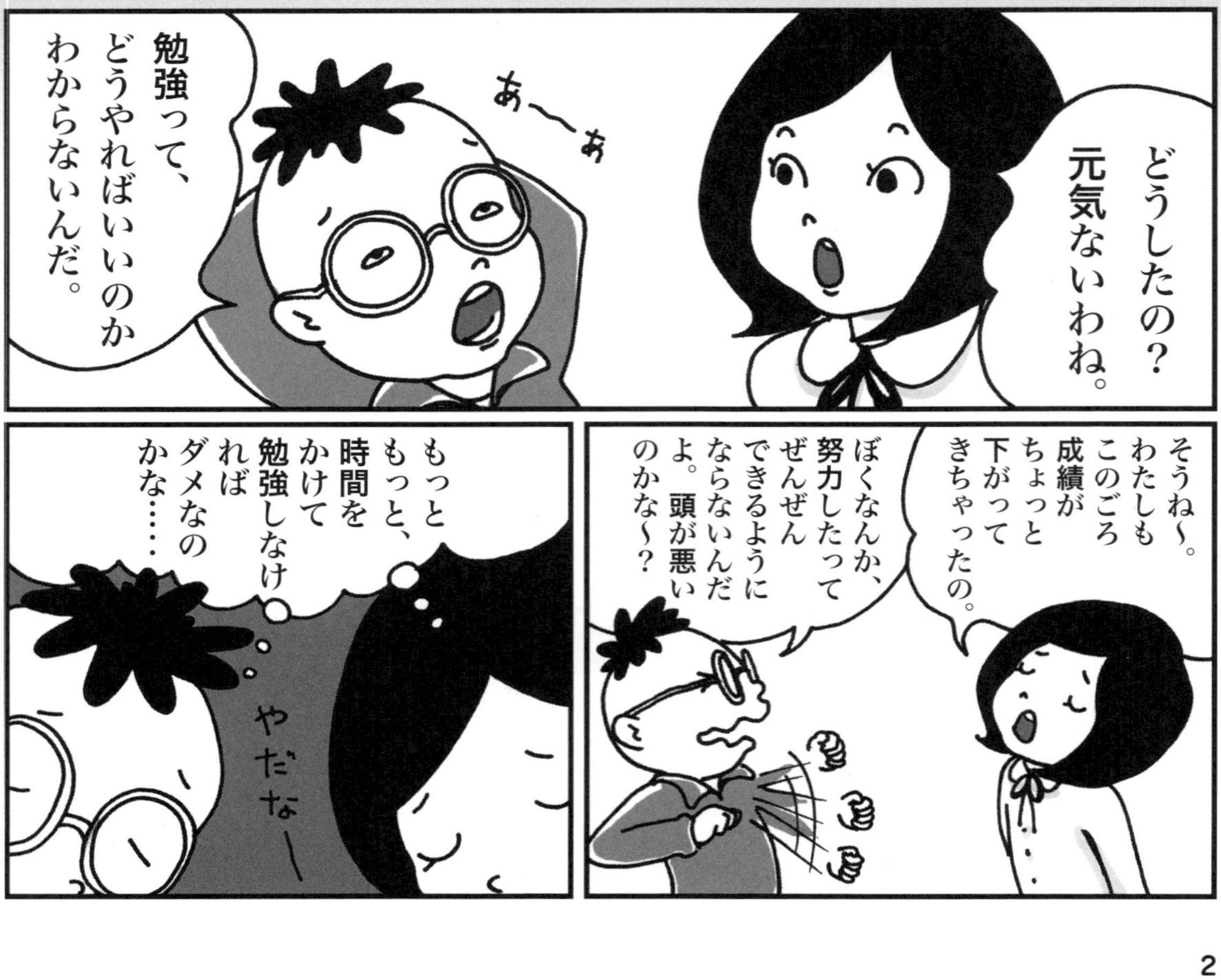

どうしたの？元気ないわね。
あ〜〜ぁ
勉強って、どうやればいいのかわからないんだ。
そうね〜。わたしもこのごろ成績がちょっと下がってきちゃったの。
ぼくなんか、努力したってぜんぜんできるようにならないんだよ。頭が悪いのかな〜？
もっともっと、時間をかけて勉強しなければダメなのかな……
やだな〜

ちょっとまったーーー!!!!!

悩むのやめーーい
び、びっくりしたー……

だ……だれ？

わたしは日本語トレーナー。君たちを苦しみから救うためにやってきました。

それはどーも。日本語なら不自由なく使えるわよ。

日本語が通じなくて困ったことなんかないよ。

本当に、日本語で困ったことはないかな？

それより、勉強はなんとかならないの？

では、これを読んでみてください。

チャップリンという人は、ロンドンの貧しい下町の売れない舞台女優の子どもで、急に舞台に立てなくなったお母さんの代役で、歌っておどったのが五歳の時だと読んだことがあります。

ハナシ聞いてる？

まだ小さいのにお母さんの代役なんて、かわいそう。
五歳で歌っておどれるなんて、チャップリンてすごいなぁ。
まあまあ。この文章を、意味のうえで「三つ」に区切ってみてごらん。
三つに？
えーと、こうかな？
チャップリンという人は、
ンドンの貧しい下町の売れな
舞台女優の子どもで、急に舞台
に立てなくなったお母さんの代
役で、歌っておど が五歳
の時だと読んだことがあり
わたしもそう思う。「、」があるし。
残念！
ぶー
え？どうして？
「チャップリンという人は」どんな人だと書いてありますか？
貧しい下町の売れない舞台女優の子ども……
まだあるよ。「歌っておどったのが五歳の時だ」も、チャップリンのことだよね。
すばらしい！
では、「読んだことがあります。」というのは、チャップリンが読んだの？
ちがうわ！この文を書いた人が、どこかで読んだことがあるというのよ。
そのとおり！
では、この文を整理してみましょうか。

チャップリンという人は、ロンドンの貧しい下町の売れない舞台女優の子どもで、

（チャップリンという人は）急に舞台に立てなくなったお母さんの代役で、歌っておどったのが五歳の時だ
と
（筆者は）読んだことがあります。

そうか！「子どもで、」と「五歳の時だと」のあとで区切るんだね。

すごーい！さっきの文章が、こわいくらいによくわかる！

そうでしょう。〝読解力〟というのも、こういうふうに筋道を押さえて正確に読むことから始まります。

今まではわかったような気になっていただけなのね！

国語も算数も社会も理科も、こんなふうに理解できたらなぁ。

やろうと思えば、だれでもできますよ。

え？本当に？

どうすればいいの？

日本語のしくみや使い方を、正しいトレーニングを通じて身につけるのです！

わぁ〜、やってみたい☆

よーし♪さっそく、日本語トレーニング、ぜひお願いします！

ステップ1

主《しゅ》語《ご》と述《じゅつ》語《ご》 1

練習した日
月　日

さあ、言葉の世界に入りましょう。君たちの世界がほんの少しずつ変わっていくかもしれませんよ。まず、**次の文**をていねいに読んでみてください。

はあーい！

赤いろうそく①

山から里のほうへ、あそびにいったさるが、一本の赤いろうそくをひろいました。赤いろうそくは、たくさんあるものではありません。それで、さるは、赤いろうそくを、花火だと思いこんでしまいました。

さるは、ひろった赤いろうそくを、だいじに山へ持ってかえりました。

◆考えの筋道《すじみち》を見つけよう

それでは日本語の基本的（きほんてき）なルールについて練習していきましょう。

え？　これ、童話でしょ？　童話で練習できるの？

小さな子ども向けに書かれた童話だって、ちゃんと**日本語のルール**を守って作られているんですよ。

へえ、そうなんだ。でも、なぜルールなの？

ルールを知らないで野球やサッカーを見ても、何をやっているのかボンヤリとしかわかりませんよね。同じように日本語の文章を読む時も、その**ルールがわからないと、正確（せいかく）に読めません。**

日本語のルールって、文法（ぶんぽう）のようなこと？

文法というより、考えの筋道のことです。〝**論理（ろんり）**〟ともいいます。

ロンリ？

そう、論理。日本語でものを考える私たちにとって最も大切なことが、日本語の論理を身につけることです。それが**論理的に頭を使うことにつながる**のです。

問題1 次の文を読んで、後の問いに答えなさい。

山から里のほうへ、あそびにいったさるが、一本の赤いろうそくをひろいました。

● 「さる」は何をしたのですか。「どうする」に当たる言葉を□で囲みなさい。

ここで約束です。一つの文の初めから終わりまで（。まで）を「文」といいます。

文 ▶▶ 初めから、終わりまで（。まで）

文の中で、いちばん重要なのは〝**述語**〟です。これはこのトレーニングの中でもいちばん大切なことです。わすれないでください。

述語述語述語述語述語述語……

この文の主語と述語は、どれですか?

「さるが」「ひろいました。」が主語と述語ね。

そうですね。これが**この文の中心**です。

「ひろいました。」が、この文でいちばん大切なところなんだね。

そのとおり!

述語 ▶▶ 「どうする」に当たる言葉

◆文を論《ろん》理《り》的《てき》に読む

ところで、君たちは日本語ができますよね。

もちろん。聞く、話す、読む、書く、何でもできるわ。

でも、日本語を**正確に使っている**でしょうか。

正確だと思うよ。買い物はまちがえないし、電話でピザの注文もできるよ。

そうですか。では日本語を**論理的に使う**ことはできますか?

論理的!? うううむ……。

むずかしそう。

それでは、次の問題をやってみてください。

◀◀「主語と述語」の問題は次ページへ続くよ!

問題2 次の文を読んで、後の問いに答えなさい。

さるが　一本の　赤いろうそくを
ひろいました。

● この文はどのような成り立ちをしているのか、次の□に右の文の言葉を入れなさい。

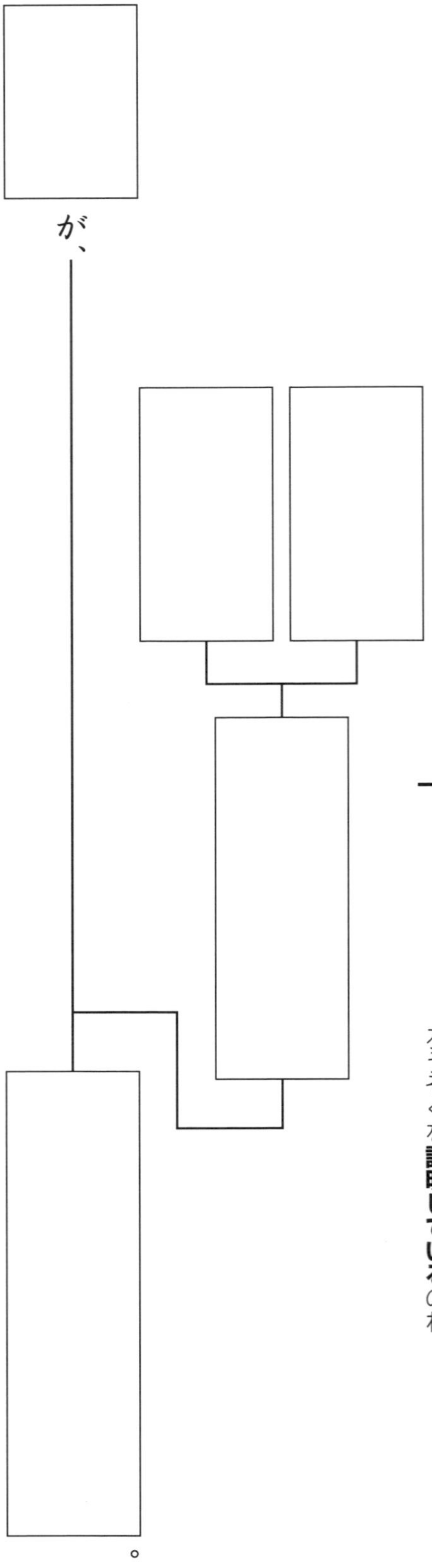

こういうの、どうすればいいんだっけ？

述語が重要だって、さっき習ったばかりでしょ。

ああ、そうか。述語は「ひろいました」だね。

そしてひろったのはさるだから、「さるが」が**主語**ね。

次は「何を」ひろったかだ。「ろうそくを」ひろったんだよ。

そうそう。「一本の」と「赤い」は二つとも、そのろうそくを**説明している**のね。

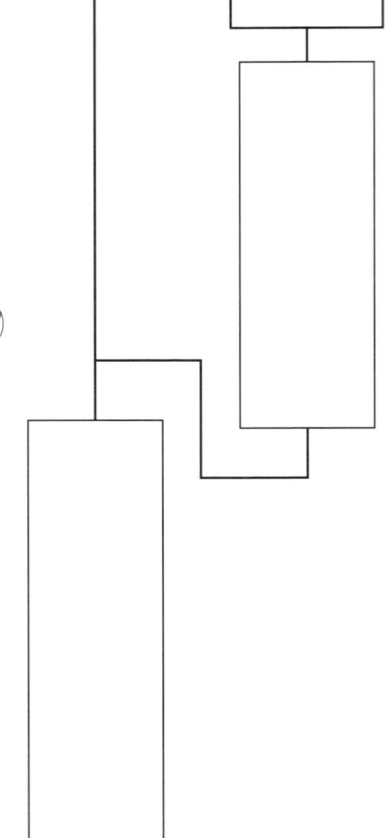

すばらしい！　文には必ず、**中心になっている部分**があります。文の中の一つひとつの言葉にも、それぞれ役割（やくわり）があります。このように、**文には必ず筋道（すじみち）がある**のです。君たちは今、論理的（ろんりてき）に文を読んだのですよ。

主語《しゅご》と述語《じゅつご》 2

練習した日
月　日

問題3　次の文を読んで、後の問いに答えなさい。

① 一本の　赤い　ろうそくは
美しい。

② 一本の　赤い　ろうそくは
きれいだ。

● **①②の文で、「どんなだ」に当たる言葉を□で囲みなさい。**

述語はどれかな？　あれ、「どうする」がないや。どうしよう。

述語はいつも何かしている言葉を指すわけじゃないわ。ここでは「美しい」と……。

あ、そうか。「きれいだ」も述語だね。

そうです。この文の中心も
① ろうそくは——美しい
② ろうそくは——きれいだ
ですね。「美しい」も「きれいだ」も、ともに「ろうそく」が「どんなだ」を表しています。

述語 ▶ 「どんなだ」に当たる言葉

ここでも「一本の」と「赤い」は「ろうそく」を**説明している言葉**なのね。

問題4　次の文を読んで、後の問いに答えなさい。

一本の　赤い　ろうそくは、花火だ。

● **「ろうそく」は、何だと書いていますか。□に当てはまる言葉を入れなさい。**

ろうそくは、□。

またまた、述語は「どうする」でも「どんなだ」でもないよ。

◀◀ 「主語と述語」の問題は次ページへ続くよ！

でも、主語は「ろうそくは」でしょう。

「ろうそくは」が主語なら、「花火だ」しかないよ。あとはろうそくの説明の言葉だから。

「ろうそくは」「花火だ」……あら、これで文になるじゃない。

そうです。「ろうそくは」「花火だ」が文の中心ですね。「何だ」というのも、述語の一つです。それに当たる言葉が「花火だ」です。

述語 ▶「何だ」に当たる言葉

述語には、今見てきたように三つの種類があります。

大切

述語 ＝ どんなだ／何だ／どうする **の三種類**

◆述語をおさえれば、主語も見える

どうして述語がそれほど重要なのかな?

文の中心だからでしょう。

そうですね。主語と述語が文の中心ということと、もう一つあります。

もう一つ?

そう。もう一つ。これが重要なんです。

なに? なに?

日本語の性質（せいしつ）として、文の中に主語が見えないことも多いのです。

ああ、そういうときは**述語から主語をさがす**のね。

そうです。述語は主語よりもさがしやすいでしょう。

ああ、そうだね。述語は文の最後のほうにあるものね。

よく気がつきましたね。**述語が文の後のほうにある**のも、日本語の特ちょうです。

「どんなだ」「何だ」「どうする」にまず注目すること、しっかりおぼえたわ!

問題5　次の文を読んで、後の問いに答えなさい。

さるは、ひろった　赤い　ろうそくを、
だいじに　山へ　持ってかえりました。

●この文の成り立ちを考えるため、次の□に言葉を入れなさい。

この問題は、どうでしょう。どこから考えますか？

もちろん、述語さ。述語は「持ってかえりました」で、主語は「さるは」だ。

（主語）さるは ― 持ってかえりました（述語）……**文の中心**

そうですね。一つの文の意味の中心は主語と述語が作ります。でも、中心だけでは意味が通じませんね。

そう。でも述語からたどれば意味がわかるのよね。述語って便利ね。

そうか、「持ってかえりました」には「ろうそくを」がつながるんだね。

さるは ― ろうそくを ― 持ってかえりました……**意味が通じる**

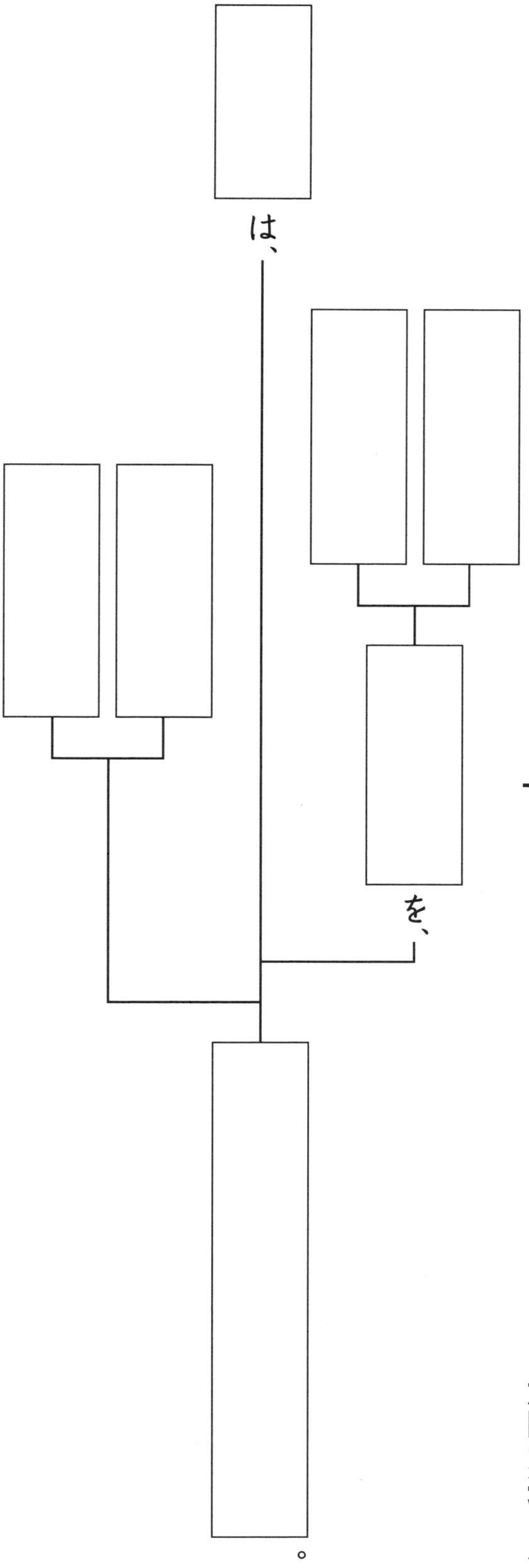

これだけでも意味が通じるようになったよ。

残りの言葉には、どんな役割（やくわり）があるのでしょう。

「ひろった」と「赤い」が「ろうそく」の説明をしているのね。「どんなろうそくか」を。

それなら「だいじに」と「山へ」が「持ってかえりました」を説明しているね。どうやって、どこへ「持ってかえりました」かをね。

そうです。

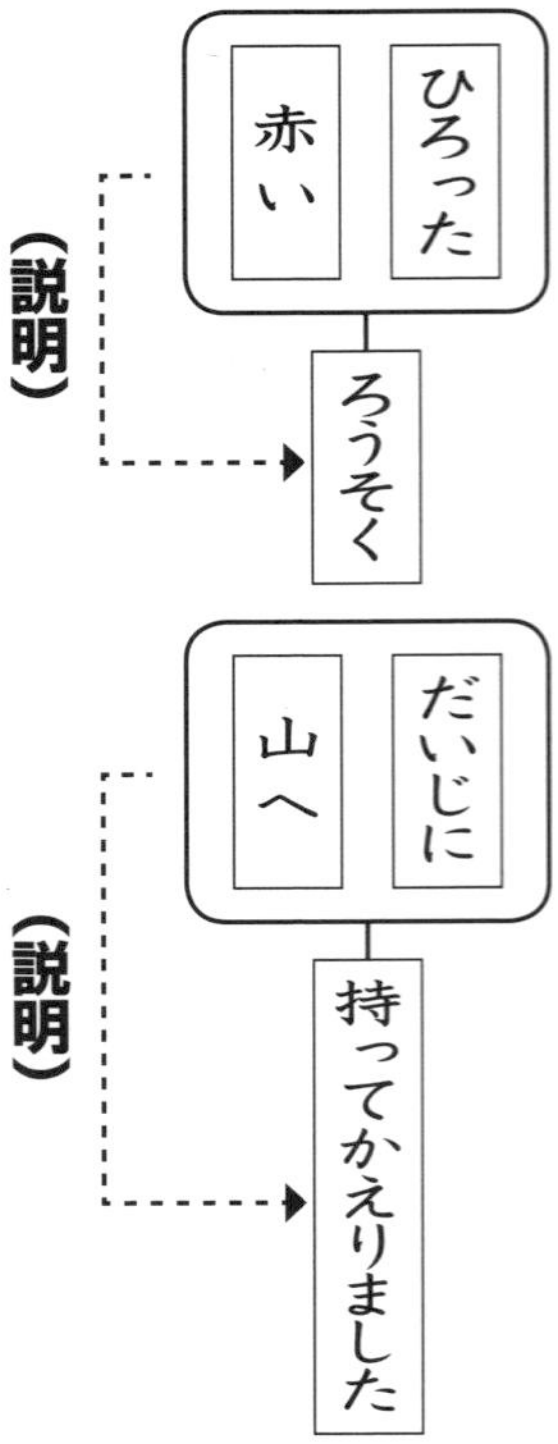

あっ！　すごいことに気づいたよ。

なに？　なに？

文の中の言葉って、**どれもどこかにつながっている**んだ。ぶらぶら遊んでいるような言葉はないよ。

本当だ。ほかの文でもためしてみようっと。

いいところに気がつきましたね。

問題6　次の文を読んで、後の問いに答えなさい。

山から里のほうへ、あそびにいったさるが、一本の赤いろうそくをひろいました。

● **述語に当たるのは、「ひろいました」です。では、「ひろった」のは、だれですか。「だれが」に当たる言葉を、次の□の中に入れなさい。**

□、ひろった。

これはもうカンタンカンタン。

述語を教えてくれるなんて、親切すぎる問題ね。

文の中で、「ひろった。」がわかっていると、「だれが」はさがしやすいもんだよね。

述語の次に重要なのは、主語です。しっかりおぼえてください。述語に対して「だれが（は）」や「何が（は）」に当たる言葉を主語といいます。

〈大切〉

主語

＝

だれが(は)

何が(は)

この文は「さるが」が主語で、「ひろいました」が述語。「さるが—ひろいました」が文の中心だね。

それで「山から里のほうへ、あそびにいった」で、そのときのさるの説明をして、「一本の赤いろうそくを」が、ひろった物の説明をしているのね。

そういった説明の言葉もすべて、主語と述語を中心にしているのです。これから文を読むときには、次の**二つのことをわすれないように**してください。

考え方の筋道のカギ

1 主語・述語が文の中心である。

2 最初に述語をさがし、次に述語に対する主語をさがすこと。

「主語と述語」の問題は次ページへ続くよ！

主語《しゅご》と述語《じゅつご》 3

練習した日　月　日

今度は、ほんの少しむずかしくなりますよ。

本当かな?

どこがむずかしいの?

よく見てください。③の文の中には主語が見えません。

問題7 次の文を読んで、後の問いに答えなさい。

① 山から里のほうへ、あそびにいったさるが、一本の赤いろうそくをひろいました。

② 赤いろうそくは、たくさんあるものではありません。

③ それで、赤いろうそくを、花火だと思いこんでしまいました。

● **「思いこんでしまいました。」のはだれですか。□に書きなさい。**

主語はどこへ行っちゃった?

①の文から読めば、だれが「思いこんで」しまったか、「さる」だってことがわかるわ。

そう。同じ主語がくり返されたり、順に読んでいけば主語が明らかな場合、主語は省かれることがあります。

③の文は①の文の続きなので、主語をまちがえようがないんだね。

(主語)　(述語)

① さるが ― ひろいました。

② (さるが) ― 思いこんでしまいました。

①と主語が同じなので省かれた

赤いろうそく②

山では、たいへんなさわぎになりました。なにしろ、花火などというものは、しかにしても、いのししにしても、うさぎにしても、かめにしても、いたちにしても、たぬきにしても、きつねにしても、まだ、いちども見たことがありません。その花火を、さるがひろってきたというのです。

しか、いのしし、うさぎ、かめ、いたち……、いろいろな動物が登場してきたわ。

みんな、花火を見たことがないんだね。

知らないのだから、きっとワクワクするはずよね。

さるはみんなに注目されて、得意になっているだろうね。

問題8 次の問題に答えなさい。

● ①～③の文の「主語」「述語」を、それぞれぬき出しなさい。「主語」や「述語」がない場合は、×を書きなさい。

問題7で主語が見えない文を読んだけど、これも主語が見えない文みたいだね。

主語だけでなく、述語がない文だってあるんですよ。

えっ？　そんなぁ。述語がたよりなのに……。

はははは。だいじょうぶ。ここではそんなイジワルな文は出していません。では、よく見て考えてください。

① 山では、たいへんなさわぎになりました。

主語

述語

「主語と述語」の問題は次ページへ続くよ！

この文の述語は「なりました」だよね。何になったかというと「さわぎに」ね。

それなら主語は「山では」でしょ。

いえ、ちがうわ。「山では」は、さわぎになった場所の説明よ。「何が」「だれが」に当たる言葉じゃないわ。

そうか……。

② 花火は、だれもまだ、いちども見たことがありません。

主語

述語

この文の述語は「ありません」だね。主語は、ええっと、「花火は」だな。

ちがうわよ。「見たことが」が主語よ。

二人とも残念でした。これはちょっとむずかしかったでしょうか。他のすべての言葉が「ありません」につながっていきますね。でも、「見たことがない」のはだれなのかを考えると……。

③ その花火を、さるがひろってきました。

主語

述語

この文の述語はわかりやすいよね。

「ひろった」のがだれかを考えれば、主語もすぐ出てくるわ。

そう。「だれが」を考えるのが、主語をさがすときの大切なポイントです。

主語《しゅご》と述語《じゅつご》 4

練習した日
月　日

次はもう少しむずかしい問題です。主語が文の中に見えないときでも、「だれが」ということはわかるように読んでください。

そうか、しっかり読むぞ。

赤いろうそく③

「ほう、すばらしい。」

「これは、すてきだ。」

しかや、いのししや、うさぎや、かめや、いたちや、たぬきや、きつねが、おし合いへし合いして、赤いろうそくをのぞきました。するとさるが、

「あぶない、あぶない。そんなに、ちかよってはいけない。ばくはつするから。」

といいました。

みんなは、おどろいてしりごみしました。

そこでさるは、花火というものは、どんなに大きな音をしてとびだすか、そして、どんなにうつくしく空にひろがるか、みんなに話して聞かせました。そんなにうつくしいものなら、見たいものだと、みんなが思いました。

「それなら、こんばん、山のてっぺんに行って、あそこでうちあげてみよう。」

と、さるがいいました。みんなは、たいへんよろこびました。夜の空に、星をふりまくように、ぱあっとひろがる花火を目に浮かべて、みんなはうっとりしました。

みんなは、ろうそくを「花火」だと思いこんでしまっているわね。

花火がどれだけきれいかを話したのは、さるだね。どうするんだろう。もうみんな、うっとりしちゃってるよ～！

「主語と述語」の問題は次ページへ続くよ！

問題9　次の問題に答えなさい。

● 次の——線部の述語に対する主語を、文の中からぬき出しなさい。主語が文の中にない場合は、×と書きなさい。

① 花火がどんなに大きな音をして（ア）とびだすか、そして、どんなにうつくしく空に（イ）ひろがるか、みんなに話して（ウ）聞かせました。

ア

イ

ウ

アとイの主語はわかるけど、ウの主語はなんだろ？

この文には見当たらないわ。

ここでは「文の中から」と問題文で決められていますね。

② そんなに（ア）うつくしいものなら、（イ）見たいものだと、みんなが思いました。

ア

イ

「文の中から」を守るとすると、アは……。

③ 夜の空に、星をふりまくように、ぱあっとひろがる花火を目に（ア）浮かべて、みんなはうっとりしました。

ア

アの主語と「うっとりしました」の主語は同じだよね。

これで、主語と述語のトレーニングは終わりです。

ふーっ、やれやれ。

いやだ！　おじいさんみたい。

でもこのトレーニングで、どんなことができるようになったんだろう？

言葉の中心の、骨組（ほねぐ）みのつかまえ方を練習したんですよ。文章を読むとき、一つひとつの文の骨組みさえまちがえずにつかまえてあれば、それだけで**おおよその内容（ないよう）が理解（りかい）できる**のです。

最初にこのトレーニングをしたということは、主語と述語を見つけるのが、いちばんわかりやすいということなのかしら。

それもありますね。

主語がない文というのが、むずかしいな。自信がないんだ。

元気を出してください。主語と述語は本当はむずかしいものなんです。日本語を専門（せんもん）に研究している学者の間でもいろいろな意見があって、はっきりとわかっているわけではないのですよ。

あら、そうなの？　それならわたしたちなんかに、わかるわけないじゃない。

そうだよ、ヘンなこと教えて、ボクたちをこれ以上こまらせないでよね。

ハッハッハ、だいじょうぶですよ。ここでやった述語から主語を見つける練習というのは、こういうことなんです。

それは「だれのこと」「何のこと」なのか、「だれの動作」なのか、「何がどうだ」をつかむこと。そしてその「だれ」「何」をさがす練習なんです。

そういえば、国語の授業（じゅぎょう）でも、いちいち「だれが？」なんて、あまり気にしたことなかったわ。

「主語・述語」という考え方そのものに反対する学者だっていますよ。主語と述語がはっきりわからない文だってたくさんあります。でもわたしたちは**日本語を研究して細かい知識（ちしき）をふやそうというわけではありません。**

じゃあ、なんのためのトレーニングだったの？

その文の筆者の、**考えの筋道（すじみち）をガッチリつかみ取る**ためです。

考えの筋道？

ああ、論理（ろんり）というものね。

そうです。筆者は日本語で考えながら、その筋道にそって、読者に文で「あること」を伝えようとしています。読者が文の中からその筋道をつかまえられないと、うまく受け取れませんよね。

◀◀ 「主語と述語」の問題は次ページへ続くよ！

そうか、わかった。**考えの筋道をつかみ取る第一歩**が、ここでやった主語と述語なんだね。考えの筋道がつかめれば、細かいことはあまり気にしなくていいんだ。

あぁ、よかった。考えの筋道の、そのまた骨組みのつかみ方の練習だったのね。

そうです。ではここで、ちょっと今までとちがう問題をやってみましょうか。

問題10　次の文を読んで、後の問いに答えなさい。

① 満員電車の中で、大勢《おおぜい》の人々が［　］していました。

② きもだめしで、自分の番になると、思わず［　］してしまいました。

ア 興奮《こうふん》　**イ** 尻込《しりご》み

ウ 突進《とっしん》　**エ** おし合いへし合い

オ 額《ひたい》を集めて

● 文の空欄《くうらん》に入る言葉として、最も適切《てきせつ》なものをア〜オの中から選んで、記号で答えなさい。

①［　］

②［　］

この問題は述語が関係あるのかな？

述語を決める問題みたいだけれど、どう考えたらいいのかしら。

①は「大勢の人々が満員電車の中にいる」、②は「こわいので、行きたくない」のでしょうね。これがヒントです。

わかった。

論理的に考えれば空欄にはピッタリ決まる言葉が入るんです。これも、筋道をつかみ取れば答えが明らかになる一つの例ですよ。

ステップ2

言葉のつながり 1

練習した日

月　日

赤いろうそく④

さて、夜になりました。みんなは、むねをおどらせて、山のてっぺんに、やっていきました。さるはもう、赤いろうそくを、木の枝《えだ》にくくりつけて、みんなのくるのをまっていました。

さて、それでは主語・述語以外の言葉のつながりについても見ていきましょう。

文の中で、**言葉はみんなどこかにつながっている**んだよね。

そう、そのつながりの中心が、主語と述語なんだわ。

そうです。そのとおり！　そうした**言葉のつながり**をつかまえながら読むことが、とても大切なことなんです。

主語と述語はバッチリよ！

それではまず最初に、次の問題をといてください。

問題1　次の文を読んで、後の問いに答えなさい。

①　白い　新しい　車

②　すごく　大きな　家

③　きっと　彼は　やって来る

④　この　むずかしい　問題

⑤　たいへん　むずかしい　問題

● **――線部の語はどこにつながっていますか。言葉を□で囲みなさい。**

①は「白い車」なんだよね。しかも「新しい車」でもあるんだ。

◀◀「言葉のつながり」の問題は次ページへ続くよ！

②は「すごい家」ではないのよね。
③はどうなんだろう。「きっと→彼は」でつながっているのかな。

④と⑤とは、よくにているじゃない。

にていても、つながりということでは、ちょっとちがっていませんか。たとえば、
「赤い　きれいな　ろうそく」

「とても　きれいな　ろうそく」

この二つでは、言葉のつながり方がちがいます。

ちがうかなあ、ちがわないよなあ。

「赤い」はどこへつながりますか？

「ろうそく」だよね。

そう。「赤い　きれいな　ろうそく」とあるとき、「赤い→ろうそく」とつながります。

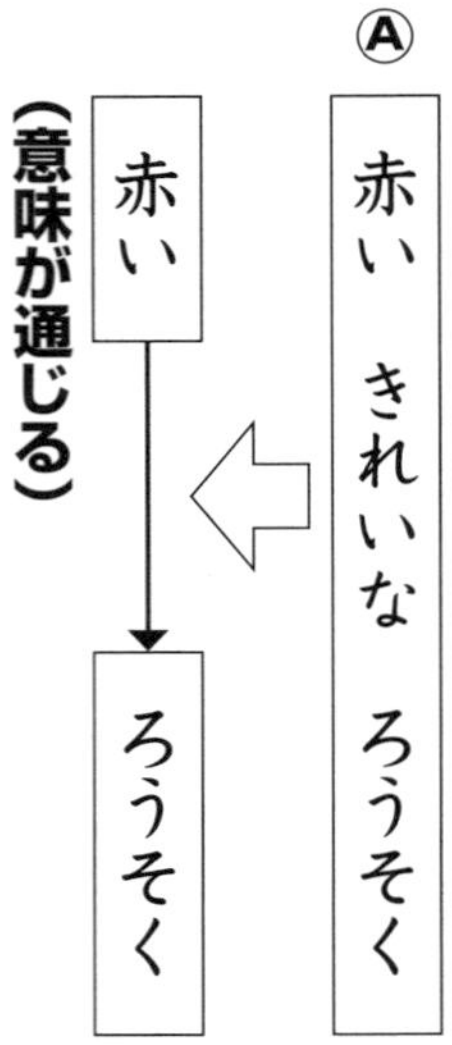

ところが、「とても　きれいな　ろうそく」のとき、「とても」はどこにつながるか、わかりますか？

あっ！「とても」は「ろうそく」にはつながらない。

「とてもろうそく」なんて、意味がわからないね。

「とても」は「きれいな」につながっているのね。

そうか。「とても」は「きれいな」を説明している言葉なんだ。

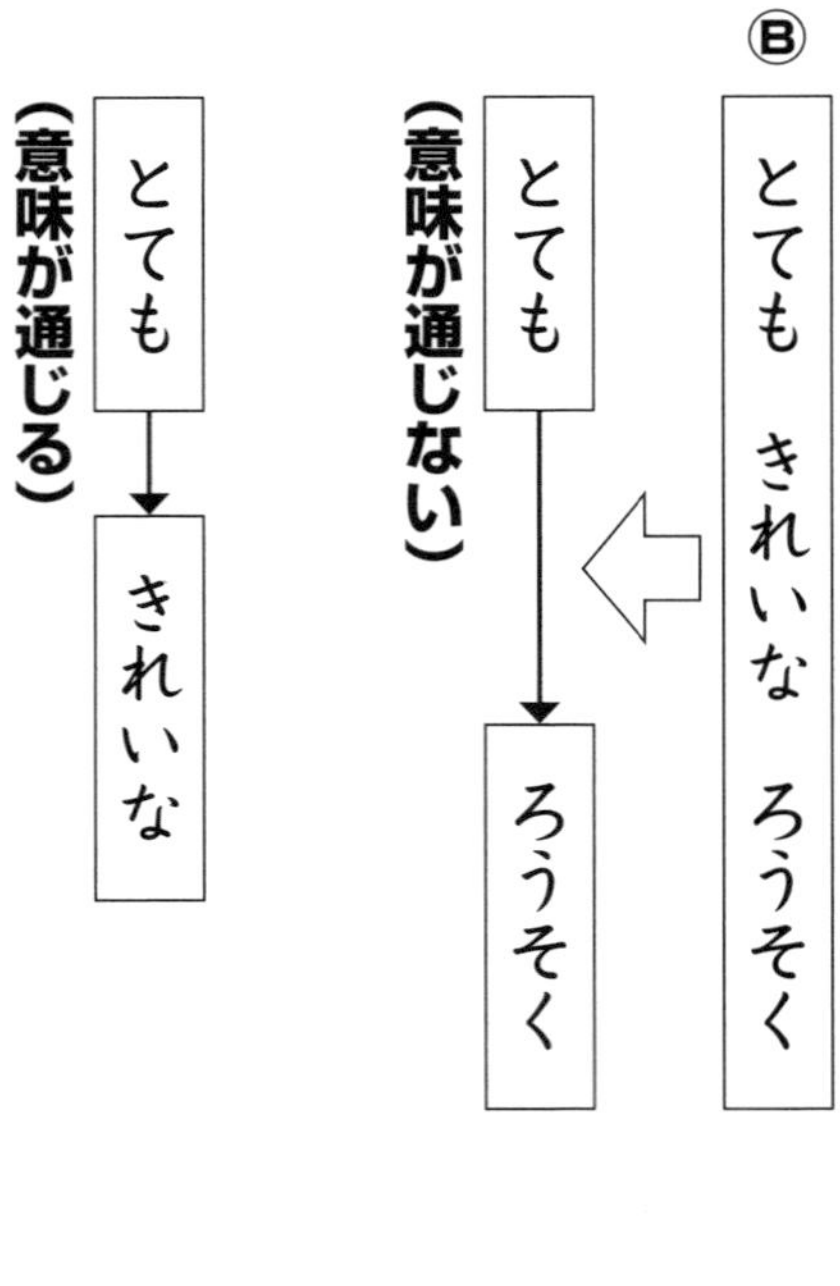

このように、どの言葉がどこにつながっているかを考えないと、意味がわからないことになってしまうのです。

言葉はみんな、どこかにつながっていくのね。

言葉のつながり ⟷ 意味のつながり

Ⓐと Ⓑの文の成り立ちを整理すると、次のようになります。

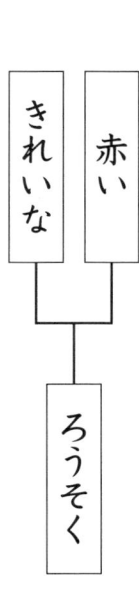

ⒶⒷの文の成り立ち

Ⓐ 赤い　きれいな　ろうそく

赤い ─┐
きれいな ─┴─ ろうそく

Ⓑ とても　きれいな　ろうそく

とても ─ きれいな ─ ろうそく

問題2 次の文を読んで、後の問いに答えなさい。

① はげしく　雨が　わたしの　部屋《へや》の　窓《まど》を　たたいています。

② はげしい　雨が　わたしの　部屋の　窓を　たたいています。

③ わたしは　妹に　わたしの　おもちゃを　全部　やると　母に　言った。

④ ふたたび　わたしは　この土地に　帰ってくる　希望を　持っています。

⑤ 彼女は　いきなり　低いけれど　よく　通る　声で　歌い始めた。

● ――線部の語はどこにつながるのか、言葉を□で囲みなさい。

どこにつながるか、どうしたらわかるんだろう。

◀◀「言葉のつながり」の問題は次ページへ続くよ！

二つの言葉がつながっていると、それだけで意味がわかるはずよ。

あれ？　①と②はそっくりだよ。ちがうところあるの？

そうねぇ、でも②は「はげしい」「雨が」で意味がわかるけど、①の「はげしく」「雨が」では、何かヘンよねぇ。

「はげしく」「雨が」では、つながってないよ。「はげしく」「窓を」だよ。

そうかしら？　「はげしく」は窓の説明というより「たたいています」の説明だと思うわ。

言葉の順番がすなおでない、イジワルな文ばかりですね。でも二人とも、少しずつなれてきました。言葉のつながりを考えるだけでも、なんとなく読む読み方から、言葉を正確（せいかく）にあつかう読み方になっていますよ。

言葉のつながりをもう少し確認（かくにん）してみましょう。主語・述語がつながりの中心ですが、それ以外にもいろいろなつながりがあることをわすれないでください。

はあーい！

問題3　次の問題に答えなさい。

● ——線部はどの言葉とつながっているのか、ぬき出して□に書きなさい。

① （ア）みんなは、むねを　おどらせて、山の（イ）てっぺんに、やっていきました。

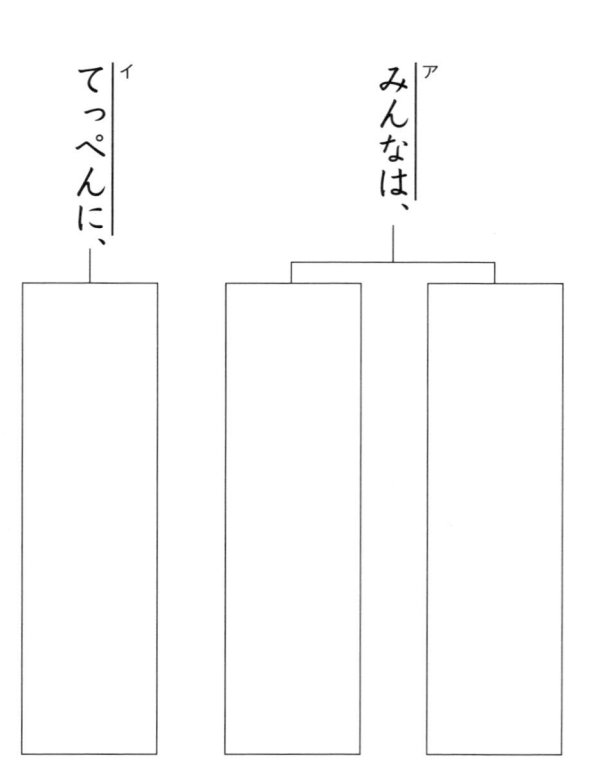

（ア）みんなは、→ □ □

（イ）てっぺんに、→ □

② さるは　（ア）もう、赤い　ろうそくを、
木の枝《えだ》に　くくりつけて、（イ）みんなの
くるのを　まっていました。

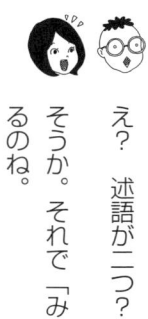

（ア）もう、

（イ）みんなの

①の「みんなは、」は、二つの言葉につながるの？

これは主語みたいだから、述語をさがしましょうよ。
述語はどれかな？

「やっていきました。」だ。

もう一つありますよ。

え？　述語が二つ？

そうか。それで「みんなは」が二つの言葉につながるのね。

「言葉のつながり」の問題は次ページへ続くよ！

言葉のつながり 2

練習した日

月　日

赤いろうそく⑤

いよいよこれから、花火をうちあげることになりました。しかし、こまったことができました。と、申しますのは、だれも花火に、火をつけようとしなかったからです。みんな、花火を見ることはすきでしたが、火をつけにいくことは、すきでなかったのでありました。

これでは、花火はあがりません。そこで、くじをひいて、火をつけにいくものを、決めることになりました。

なんだ、せっかくの花火なのに、だれも火をつけようとしないのか。

だれかが火をつけなくちゃね。

さあ、こちらはどんどん進んでいきますよ。

問題4 次の問題に答えなさい。

● **例にならって、「一つひとつの言葉」に注目し、それが意味としてつながる「言葉」を□に書きなさい。**

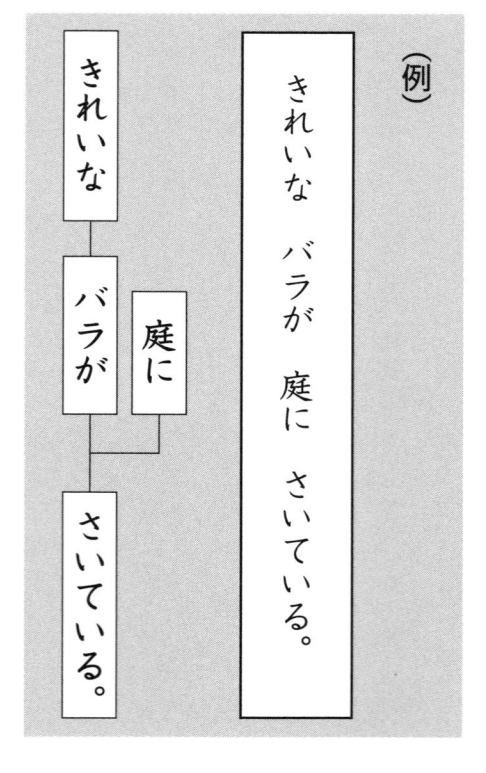

(例)

きれいな　バラが　庭に　さいている。

きれいな	庭に
バラが	
さいている。	

今までは、ある言葉が文のどの言葉につながるかを見てきました。これから文の中の言葉それぞれがどうつながっているかを、述語を中心に見てみましょう。

ひぇー！　文の中の言葉全部がどうつながっていくかを、全部たしかめるの？

文を読むって、とても大変なことなんじゃない。

ぼく、つかれちゃう。

だいじょうぶ。こんな作業をしながら読んでいたら、なかなか読み進みませんよね。けれど、「日本語はこういうものなんだ」と知っていると、頭が自動的に読んだものを整理してくれるようになるんです。

ほー、それはラクチンで助かりますわ。

①

だれも　花火に、火を　つけようと
しなかったからです。

あなた、本当はいくつなの？

文を読んでいて、意味がよくわからないときってありますよね。

そうね、ときどき。

あら、今まではいつも、わかったように思っていただけじゃないの？

まあまあ、そこでもめないで。もしも文の意味がよくわからないとき、このように述語を中心に、どの言葉がどの言葉につながっているかを見ていけばいいのです。じつは、これはそういうときに使える**スーパーテクニック**なんです。

そうなんだ。いいこと、聞いちゃった。

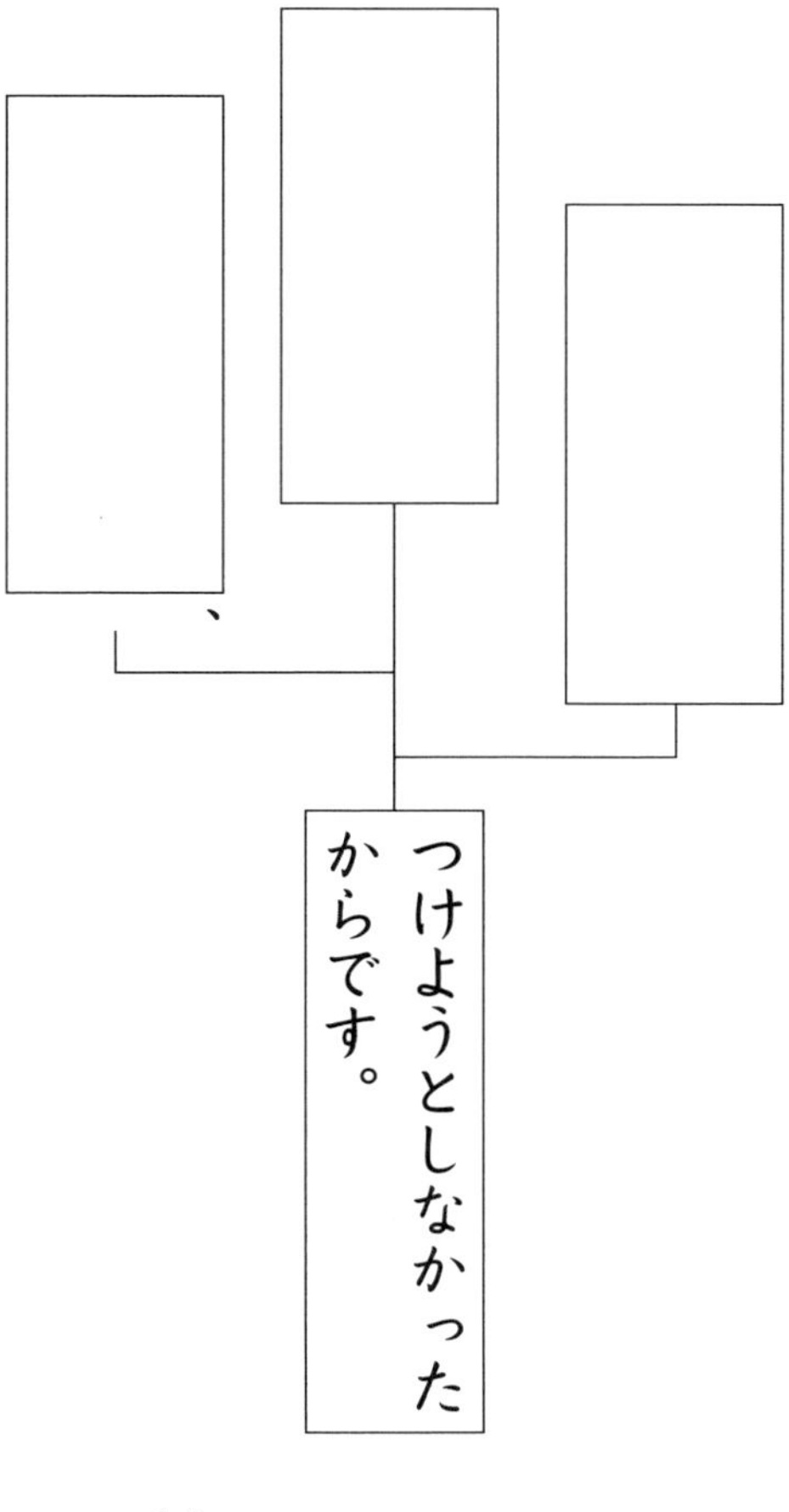

◀◀「言葉のつながり」の問題は次ページへ続くよ！

①は「つけようとしなかったからです。」が述語だね。

ちょっと長いけれど、このひとまとまりで述語としましょう。

動作の主はだれかを考えると、「だれも」がここにつながるわね。

そうそう。「どこに」なら「花火に」、「何を」なら「火を」がつながるよ。

おみごと！　それを図にしめすとどうなりますか。

---

②の文は「決めることになりました。」が述語ね。

「どうやって」「何を」決めることになったのか、の説明が書いてあるんだ。

そうよ。その二つの説明のために、言葉がどうつながっているのかがわかればいいんだわ。

どうですか？　すべての言葉がつながっていることが、よくわかるでしょう。

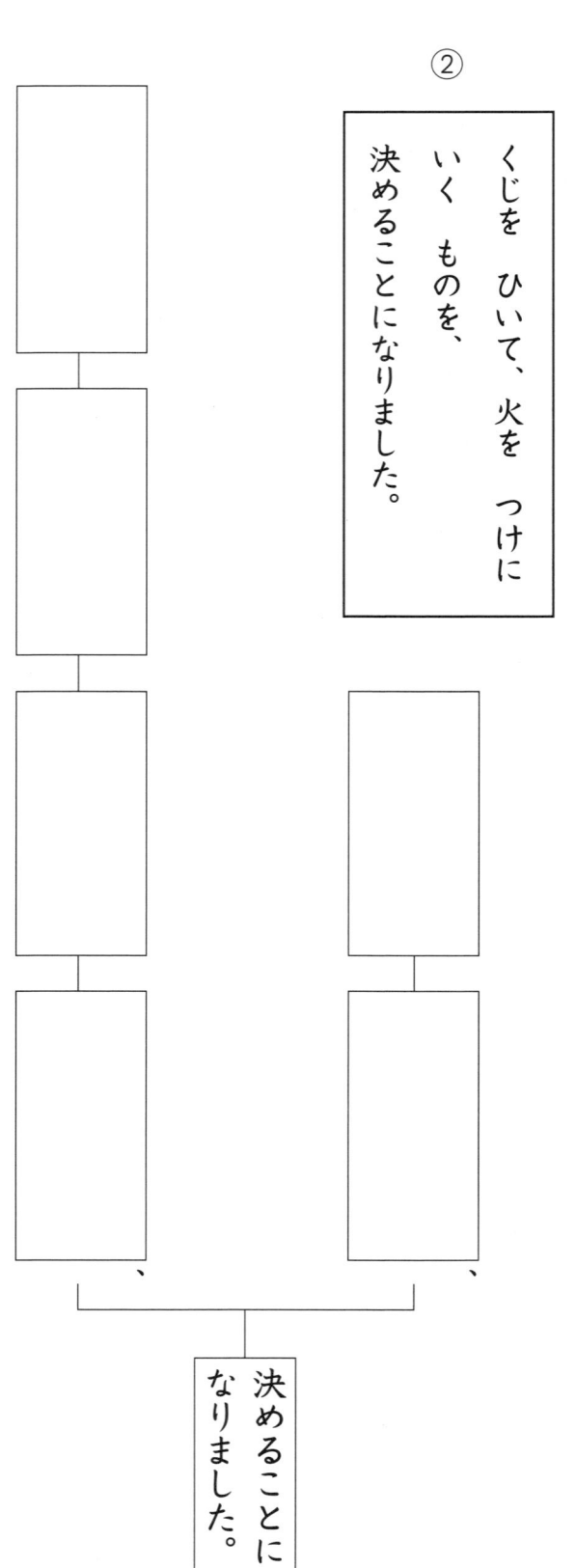

②

くじを　ひいて、火を　つけに
いく　ものを、
決めることになりました。

、

、

決めることになりました。

言葉のつながり 3

練習した日
月　日

赤いろうそく⑥

だい一にあたったものは、かめでありました。かめは元気をだして、花火のほうへ、やっていきました。だが、うまく火をつけることが、できたでしょうか。いえ、いえ、かめは、花火のそばまでくると、くびがひとりでにひっこんでしまって、でてこなかったのであります。

そこでまた、くじがひかれて、こんどは、いたちが行くことになりました。いたちはかめより、いくぶんましでした。というのは、くびをひっこめてしまわなかったからであります。しかし、いたちは、ひどくきんがんでありました。だから、ろうそくのまわりを、きょろきょろとうろついているばかりでありました。

なんだかみんなドジだね。火なんかさっさとつけちゃえばいいのに。

もうちょっとていねいに読みなさいよ。かめもいたちも、花火に火をつけるのが初めてなので、きっとこわいのね。

さあ、もう少し、文のつながりをたしかめてみましょう。

「言葉のつながり」の問題は次ページへ続くよ！

問題5 次の問題に答えなさい。

● ①②の文の言葉のつながりを、問題4の例にならって、しめしなさい。

①

かめは　元気を　だして、花火のほうへ、やっていきました。

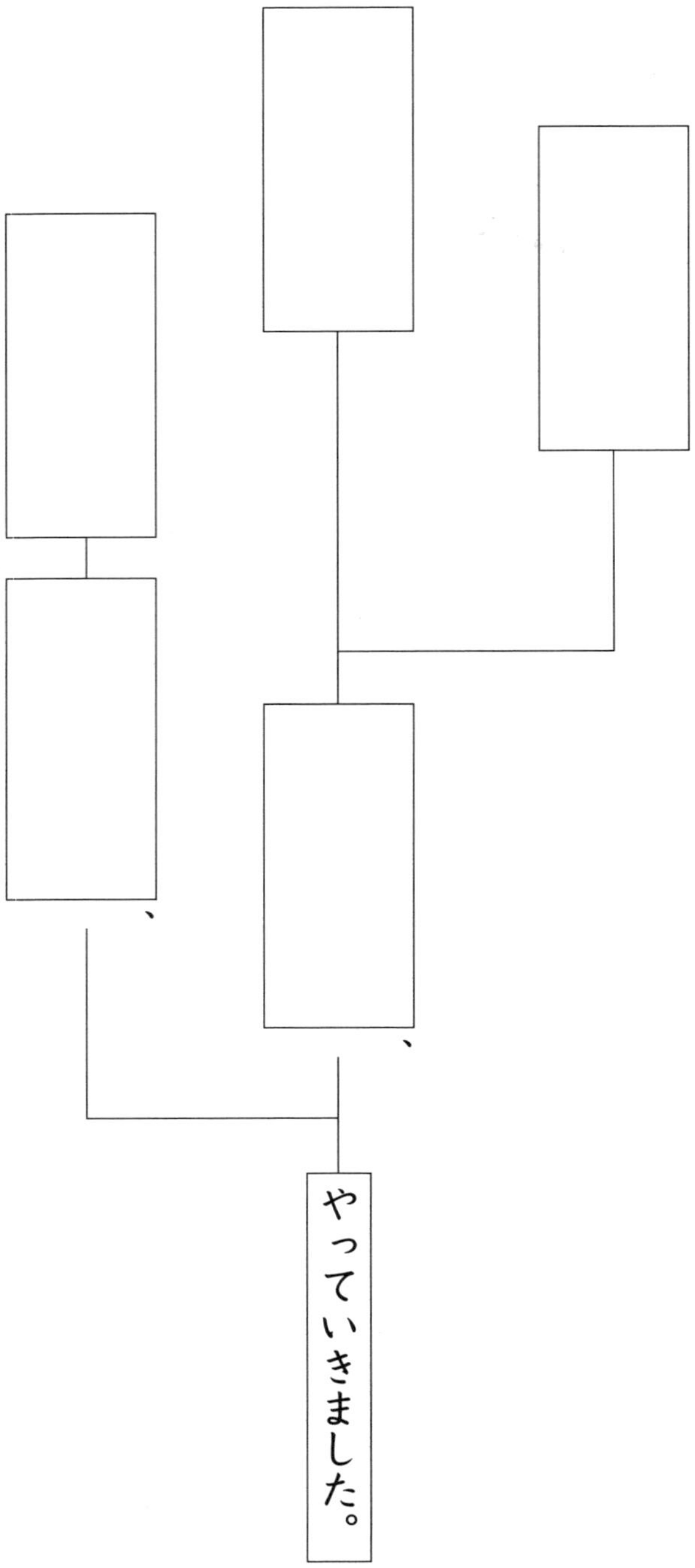

①の述語は「やっていきました。」だね。

それだけですか？

え？　まだあるの？

「だして」も、かめの動作じゃない。

あ、本当だ。「かめは―だして、―やっていきました。」が文の中心だね。

そう。そこにほかの言葉が、どういうふうにつながっているのかよ。

②

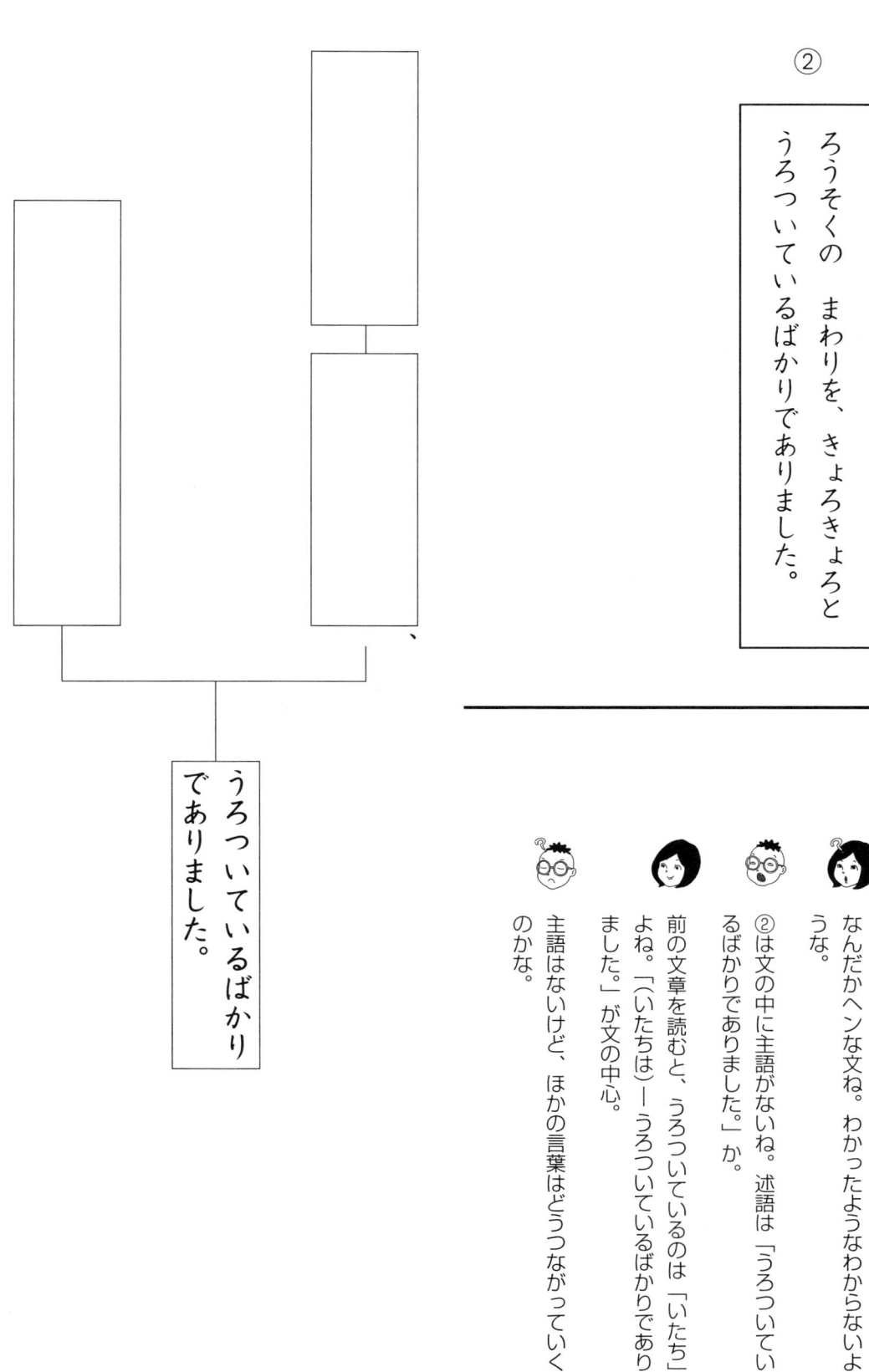

ろうそくの　まわりを、きょろきょろと
うろついているばかりでありました。

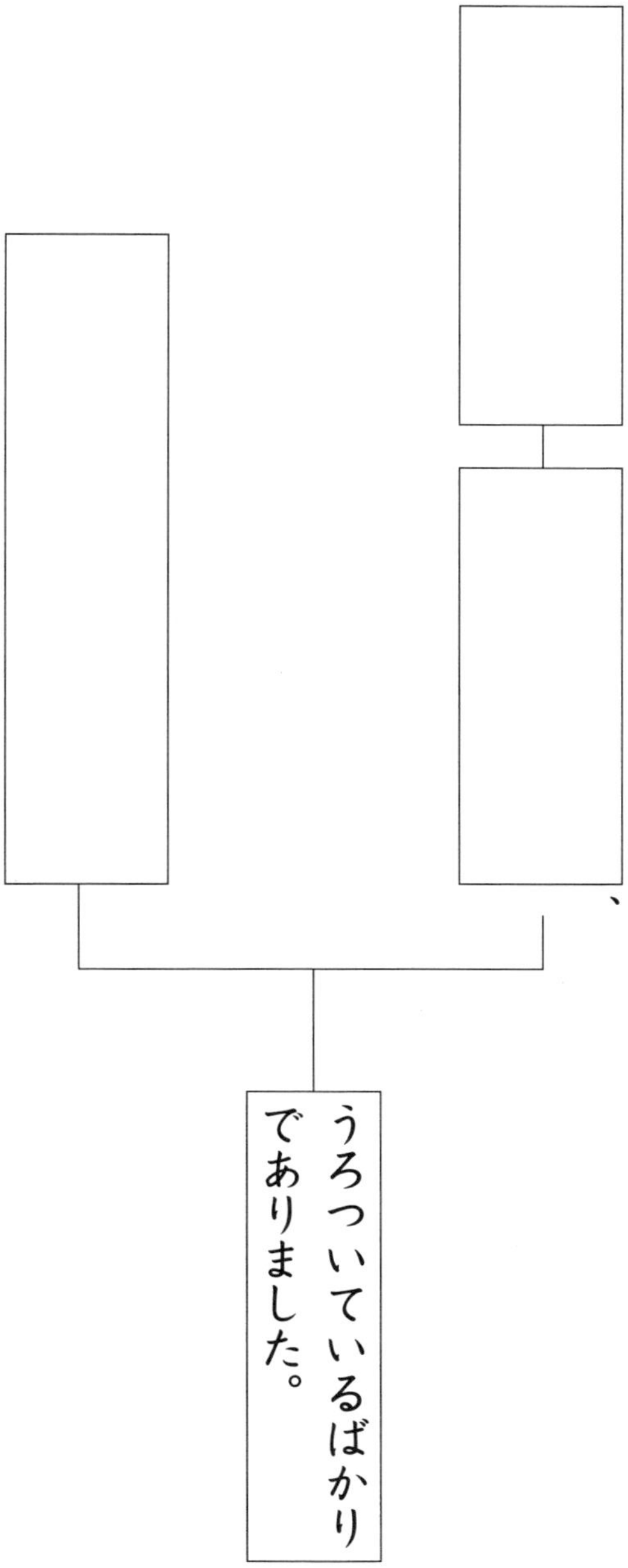

なんだかヘンな文ね。わかったようなわからないような。

②は文の中に主語がないね。述語は「うろついているばかりでありました。」か。

前の文章を読むと、うろついているのは「いたち」よね。「(いたちは)―うろついているばかりでありました。」が文の中心。

主語はないけど、ほかの言葉はどうつながっていくのかな。

◀◀「言葉のつながり」の問題は次ページへ続くよ！

さて、ここでちょっとちがう問題をやりましょう。

どんなこと、やるの？　むずかしいのはイヤだよ。

まあ、これを読んでください。

問題6　次の文を読んで、後の問いに答えなさい。

かめは、くびが　花火の　そばまで
くると、ひとりでに　ひっこんでしまって、
でてこなかったのであります。

● 右の文は、ならべる順番をまちがえたため、言葉がうまくつながりません。そこで、一か所だけ、言葉をちがう場所に移動《いどう》する必要があります。

移動する必要のある言葉をぬき出して書きなさい。

述語は「でてこなかったのであります。」、主語は「かめは、」だね。

いいえ、それだけではありません。

述語は「くると、」「ひっこんでしまって、」「でてこなかったのであります。」の三つよ。

そう。これは述語が三つある文です。そのうえ、主語が途中でかわっています。

えぇ？　そんなことできるの？

そうか！「かめは、」の述語は「くると、」だけなんだわ。残りの二つの述語の主語がおかしなところにあるのね。それをわかりやすい場所に移動すればいいんだわ。

そうです。文は言葉のつながりからできています。わたしたちがなにげなく使っている日本語も、このような**約束がある**のです。約束をまちがえると、うまく意味が伝わりませんね。そして約束を知らなければ、正確（せいかく）に読むこともできません。

●

さて、ちょっと息をぬいて、パズルをやりませんか？

やったー！

……。

問題7　次の文を読んで、後の問いに答えなさい。

① ましでした。かめより、いくぶん
いたちは

② ろうそくの　うろついている
きょろきょろと　ばかりで　まわりを、
ありました。

● ①②の文は、ならび方がまちがっています。言葉の順番をならびかえ、正しい文に直しなさい。

①

②

なんだ、ならべかえか。どうやったらいいんだろう。

これも主語と述語からたどっていけばいいんじゃない？

そのとおりです。

それじゃあ、①の述語は「ましでした。」、主語は「いたちは」だ。②の述語はえぇっとー……。

②は述語までがバラバラになっているのね。まず述語を組み立てなくちゃ。

主語と述語のつながりがわかったら、残りの言葉が、どこにどのようにつながっているかを考えます。君たちはもう、言葉のつながりはバッチリですよね。

●

さて、ちょっとちがうつながり方も、見てみましょうか。

問題8　次の文を読んで、後の問いに答えなさい。

いたちはかめより、いくぶんましでした。
というのは、くびをひっこめてしまわなかった［　］であります。

「言葉のつながり」の問題は次ページへ続くよ！

● □に当てはまる言葉を、ひらがな二字で答えなさい。

問題って、これだけ？

ここ、何でも入るように見えるけど。「よう」「から」「もの」「みたい」……。

答えのますが二字分だから、二字の言葉が入るんだよね。

そうです。でも、字数が決まってなくても、ここに入る言葉は決まっています。

そんなこと、どうしてわかるの？

二つ目の文の、いちばん最初の「というのは、」がヒントです。

「というのは」の後には、前の「いたちはかめより、いくぶんましでした」の「まし」の理由が書いてあるんだね。

そうよね。「いたちはくびをひっこめなかった」から、それが理由で「かめよりはまし」だったのよ。

おや？　ぐうぜんですが、答えが出てきましたね。

あら？

さっき言ってた、「ここに入る言葉が決まっている」って、どういうこと？　超魔術(ちょうまじゅつ)？

いいえ、そんなものじゃありません。言葉には結びつく組み合わせが決まっているものがあるのです。

「というのは、」と結びついている言葉があるの？

そう。「というのは、」で始まる文は、その前の文の理由を説明していますよね。ほかにもこういう始まり方をする文があります。

そうか！　「なぜなら」とか、「どうしてかというと」もだ。「ぼくはねむい。なぜなら、深夜テレビでサッカーを見ていたからだ。」なんてね。

何かの理由や原因（げんいん）を説明するとき、必ず付いてくる言葉があります。

わかった！　理由を言うときは「……だから」って言うはずよ。そうだ、ここには「から」が入るのね。

そうなんです。これも言葉のつながりの一つです。

こういう結びついている言葉って、ほかにもあるの？　なんだかまだまだありそうな気がする。

いい質問（しつもん）ですね。ではちょっと力だめしをしましょう。

言葉のつながり 4

練習した日　月　日

問題9　次の問題に答えなさい。

● ――線部の言葉との結びつきを考えて、□に入る言葉を、ひらがなで書きなさい。

① 少女の頬《ほほ》は□□□リンゴのようだ。

② 彼《かれ》にかぎってまずそんなことはある□□。

③ □□困《こま》ったことがあれば、相談に乗ります。

④ たとえうまくいかなく□□、くじけはしないぞ。

⑤ □□□本当ではないでしょう？

⑥ 決して油断《ゆだん》する□。

⑦ そんな細かいことにはいっこうに気に□□□。

この問題に出ている言葉の結びつきは、次のページの囲みのように整理できます。

この「結びつき」って、どういうこと？　重要なことなの？

言葉のつながりと、何か関係があるのかしら。

はい。言ってみれば強い言葉の結びつきです。どの言葉がどこにつながるかを考える前に、結びつきのほうを優先（ゆうせん）します。

結びつく言葉って決まっているから、読んですぐにわかるものね。

問題の①は前に習ったことがあるよ。「ようだ」には「まるで」が結びつくんだ。

「まるでリンゴのようだ」となるのね。ほかのはどうかしら。

「言葉のつながり」の問題は次ページへ続くよ！

大切

「まるで～のようだ」……類似《るいじ》や例文
「まず～まい」……打ち消しの推量《すいりょう》
「もし～ば」……仮定《かてい》
「たとえ～ても(でも)」…仮定
「まさか～でしょう」……打ち消しの推量
「決して～するな」……強い禁止
「いっこうに～ない」……打ち消し

では、お話のつづきを読んでみてください。

赤いろうそく⑦

とうとう、いのししがとびだしました。いのししは、まったく、いさましいけだものでした。いのししは、ほんとうにやっていって、火をつけてしまいました。

みんなは、びっくりして、くさむらにとびこみ、耳をかたくふさぎました。耳ばかりでなく、目もふさいでしまいました。

しかしろうそくは、ぽんともいわず、しずかにもえているばかりでした。

ようやく火をつける役が決まったみたいだね。

でもみんな本当にこわがりだわ。耳ばかりでなく目もふさいだら、花火が楽しくもなんともないじゃない。

そうですよね。花火に火がつく瞬間（しゅんかん）を待っていたのに、花火ではなくろうそくですから、しずかにもえているだけです。みんなが身をかくして息をつめているところに、静かにもえているろうそくが一本。この静けさを感じ取ってください。

●

さて、ここでこのステップのまとめをしましょう。

問題10 次の文を読んで、後の問いに答えなさい。

ろうそくは、ぽんとも　いわず、しずかにもえているばかりでした。

(1) 主語、述語を答えなさい（一つとはかぎりません）。

主語

述語

(2) 次の□に当てはまる言葉を、文からぬき出して書きなさい。

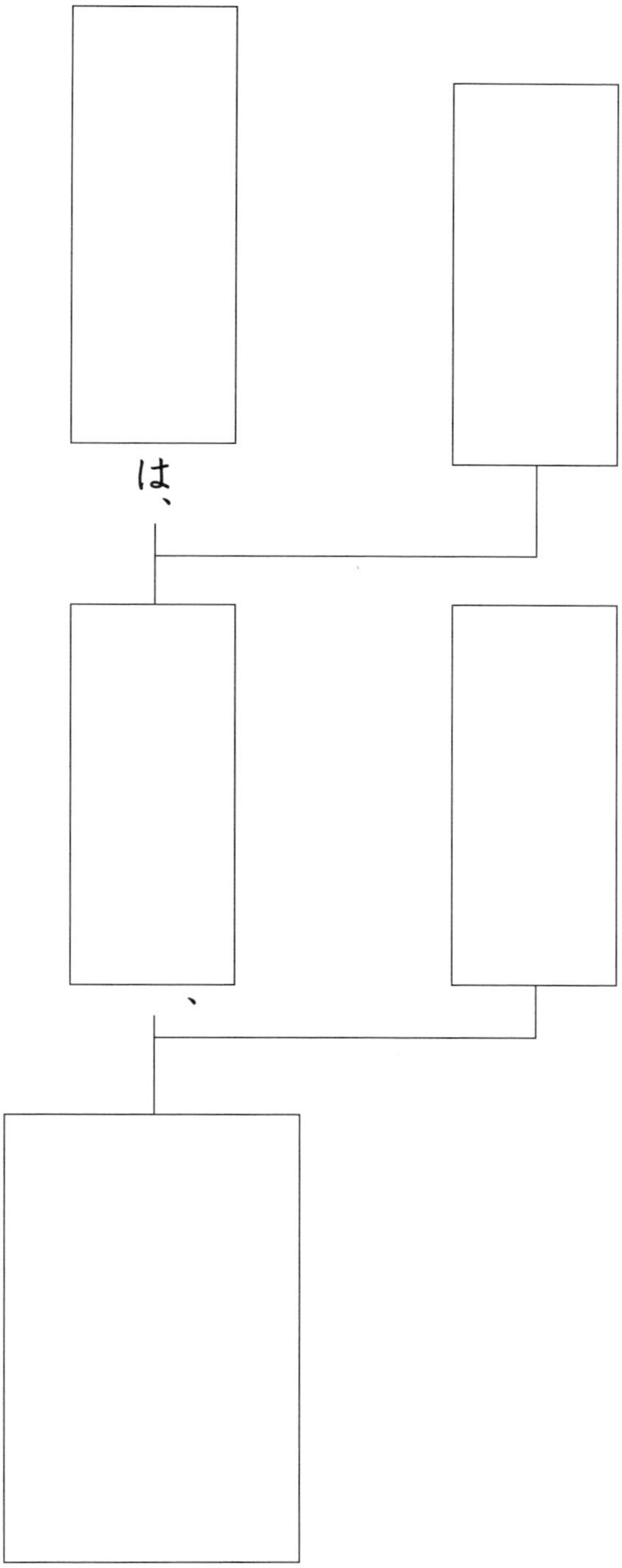

もうできるようになったよ。まず述語をさがすんだね。

述語は二つあるのね。

あった、あった。これを主語といっしょに、この文の中心にするんだ。

そしてそのほかの言葉を、説明する言葉につながる場所に置くのよ。

どうですか？　文の中で言葉はそれぞれつながりを持っています。そして主語・述語が、文の中心です。このようなつながり、つまり筋道（すじみち）を意識（いしき）しながら読むことが、言葉を論理的（ろんりてき）に使う第一歩になるのです。

「言葉のつながり」の問題は次ページへ続くよ！

赤いろうそく（全文）

新美南吉

山から里のほうへ、あそびにいったさるが、一本の赤いろうそくをひろいました。赤いろうそくは、たくさんあるものではありません。それで、さるは、赤いろうそくを、花火だと思いこんでしまいました。

　さるは、ひろった赤いろうそくを、だいじに山へ持ってかえりました。

　山では、たいへんなさわぎになりました。なにしろ、花火などというものは、しかにしても、いのししにしても、うさぎにしても、かめにしても、いたちにしても、たぬきにしても、きつねにしても、まだ、いちども見たことがありません。その花火を、さるがひろってきたというのです。

「ほう、すばらしい。」

「これは、すてきだ。」

　しかや、いのししや、うさぎや、かめや、いたちや、たぬきや、きつねが、おし合いへし合いして、赤いろうそくをのぞきました。するとさるが、

「あぶない、あぶない。そんなに、ちかよってはいけない。ばくはつするから。」

といいました。

　みんなは、おどろいてしりごみしました。

　そこでさるは、花火というものは、どんなに大きな音をしてとびだすか、そして、どんなにうつくしく空にひろがるか、みんなに話して聞かせました。そんなにうつくしいものなら、見たいものだと、みんなが思いました。

「それなら、こんばん、山のてっぺんに行って、あそこでうちあげてみよう。」

と、さるがいいました。みんなは、たいへんよろこびました。夜の空に、星をふりまくように、ぱあっとひろがる花火を目に浮かべて、みんなはう

っとりしました。

　さて、夜になりました。みんなは、むねをおどらせて、山のてっぺんに、やっていきました。さるはもう、赤いろうそくを、木の枝にくくりつけて、みんなのくるのをまっていました。

　いよいよこれから、花火をうちあげることになりました。しかし、こまったことができました。と、申しますのは、だれも花火に、火をつけようとしなかったからです。みんな、花火を見ることはすきでしたが、火をつけにいくことは、すきでなかったのでありました。

　これでは、花火はあがりません。そこで、くじをひいて、火をつけにいくものを、決めることになりました。

　だい一にあたったものは、かめでありました。かめは元気をだして、花火のほうへ、やっていきました。だが、うまく火をつけることが、できたでしょうか。いえ、いえ、かめは、花火のそばまでくると、くびがひとりでにひっこんでしまって、でてこなかったのであります。

　そこでまた、くじがひかれて、こんどは、いたちが行くことになりました。いたちはかめより、いくぶんましでした。というのは、くびをひっこめてしまわなかったからであります。しかし、いたちは、ひどくきんがんでありました。だから、ろうそくのまわりを、きょろきょろとうろついているばかりでありました。

　とうとう、いのししがとびだしました。いのししは、まったく、いさましいけだものでした。いのししは、ほんとうにやっていって、火をつけてしまいました。

　みんなは、びっくりして、くさむらにとびこみ、耳をかたくふさぎました。耳ばかりでなく、目もふさいでしまいました。

　しかしろうそくは、ぽんともいわず、しずかにもえているばかりでした。

文の構造《こうぞう》 1

練習した日

月　日

手袋《てぶくろ》を買いに①

寒い冬が北方から、狐《きつね》の親子の住んでいる森へもやって来ました。

ある朝、洞穴《ほらあな》から子どもの狐が外に出ようとしましたが、「あっ。」と叫《さけ》んで目をおさえながら母《かあ》さん狐のところへころげて来ました。

「母ちゃん、目に何か刺《さ》さった。ぬいてちょうだい。早く早く。」と言いました。

さて、ここからは『手袋を買いに』を読みながら、文の構造(こうぞう)について練習していきましょう。

これも童話だね。ぼく読んだことあるよ。

狐の子が町に手袋を買いに行くお話ね。

そうです。最初の部分を読んでみてください。

季節は冬の初めだね。

あら、よくわかるわね。どうして?

だって、最初の文の中心を主語・述語から見れば、「冬が—やって来ました」だもの。

そのとおり。快調（かいちょう）ですね。

でもこの狐の子、なんだかずいぶんあわてているみたい。目に何か刺さったのかしら。狐の子に何が起きたの?

物語の最初の部分で、読者に「おや?」と思わせる部分です。「ころげて来ました」「目に何か刺さった」「早く早く」といった言葉で、読者はひと息に物語の世界にすいこまれてしまうのです。

なんだかワクワクするね。

前のステップ1、ステップ2で練習したように、一つひとつの文の中の言葉は、おたがいにつながっています。そのつながり方が筋道（すじみち）です。筋道が決まっているから、それをたどることで論理的（ろんりてき）に読めるのです。

その中心になるのが、主語と述語なんだね。

そうです。では文を論理的につかまえる練習をしましょう。

問題1　次の文を読んで、後の問いに答えなさい。

寒い　冬が　北方から、狐の　親子の
住んでいる　森へも　やって来ました。

(1)　一文の構造を、左のように図式化しました。
□に適切《てきせつ》な言葉を入れなさい。

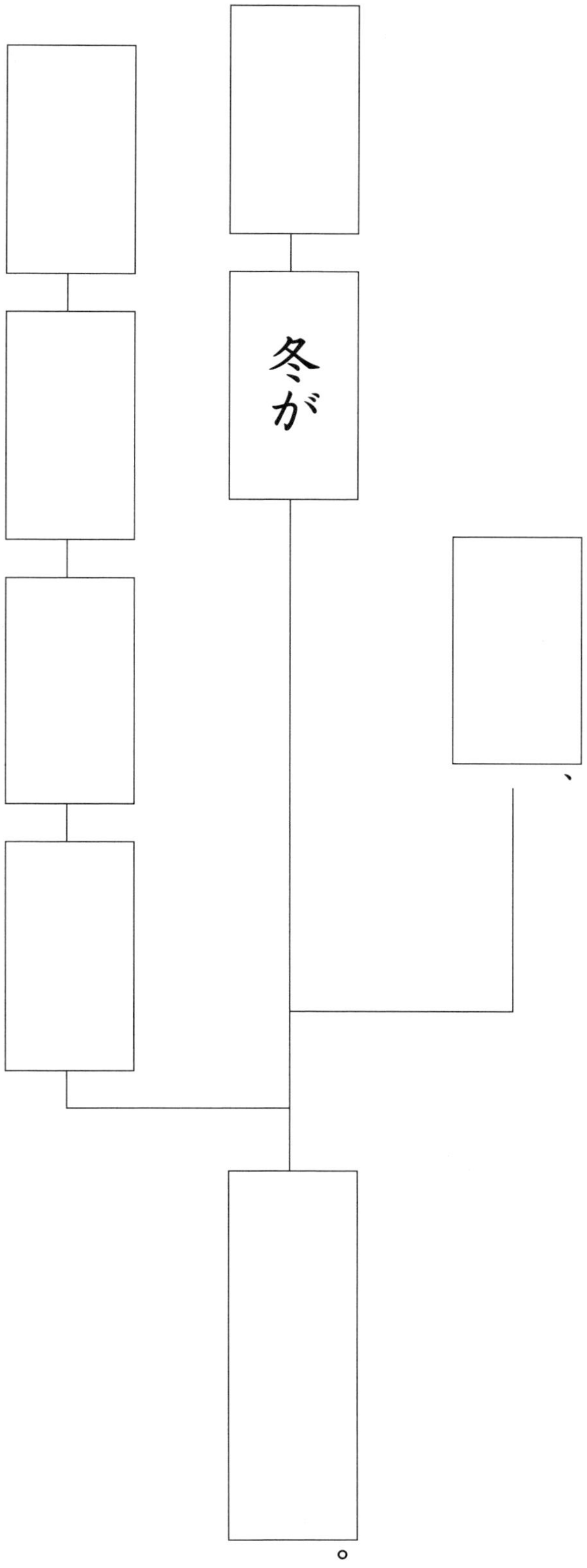

つながりをこうやって確認（かくにん）するのは、ステップ2でもやったわよね。

述語は「やって来ました」で、主語はえーっと、「冬が」だ。

「どこから」と「どこへ」やって来たかが、そのほかの言葉で説明されているのね。

「文の構造」の問題は次ページへ続くよ！

(2) 文の主語と述語は何ですか。

主語

述語

(3) この文では「冬」が「やって来ました」となっています。このように、人間でないものを、人間のように表現《ひょうげん》する方法を、何と言いますか。漢字(2字)、または、ひらがな(3字)で書きなさい。

法

（　　　）法

(3)は初めての問題だね。

言われてみれば、「冬がやって来ました」なんて、なんだか冬っていう人が歩いて来たみたい。

冬は人間じゃないよ。「冬になりました」でいいじゃない。

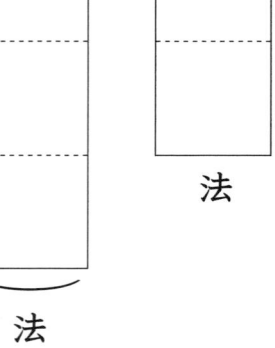

主語は「冬は」なのに、述語が人間の動作を表すような動詞を使っていますね。人に擬（なぞら）える表現法です。

「人に擬《なぞら》える表現法」の一例

・風がうなり声を上げる。
・秋が、足音を立てて、去っていきました。
・太陽が顔を出しました。
・木の葉が風に乗っておどっています。
・海が呼《よ》んでいる。

文の構造《こうぞう》 2

練習した日　　月　　日

手袋《てぶくろ》を買いに②

母さん狐《ぎつね》がびっくりして、あわてふためきながら、目をおさえている子どもの手をおそるおそるとりのけて見ましたが、何も刺《さ》さってはいませんでした。
母さん狐は洞穴《ほらあな》の入口から外へ出て初めてわけがわかりました。昨夜のうちに、真っ白な雪がどっさり降《ふ》ったのです。その雪の上からお日さまがキラキラと照らしていたので、雪はまぶしいほど反射《はんしゃ》していたのです。雪を知らなかった子どもの狐は、あまり強い反射をうけたので、目に何か刺さったと思ったのでした。

最初の、子狐が母さん狐のところにあわてていった場面に続く部分ね。

「目に何か刺さった」なんていうからびっくりしたのに、何でもないんだ。

生まれて初めて雪を見たのです。それも暗い洞穴からいきなり外に出たところに、天気がいいので日の光が真っ白い雪に反射して、目に何か刺さったと思えるくらい強い光だったのでしょう。

でも、光になれれば、子狐には真っ白できれいな景色に見えるはずよ。わたしも雪の朝、大好き。

「文の構造」の問題は次ページへ続くよ！

問題2　次の文を読んで、後の問いに答えなさい。

母さん狐《ぎつね》がびっくりして、あわてふためきながら、目をおさえている子どもの手をおそるおそるとりのけて見ましたが、何も刺《さ》さってはいませんでした。

(1) この文を、四つに分けて、それぞれ主語と述語のある文の形に直して書きなさい。ただし、省略《しょうりゃく》されている主語を、必要なときは補《おぎな》いなさい。

①

②

③

④

(2) (1)の四つの文のうち、主語が異《こと》なる文は、どれですか。

これはどういう問題なんだろう。一つの文を四つに分けて、それぞれ主語と述語のある文にしなさい、だなんて。

この文は長すぎるわ。だからばらばらにして、短い文四つにすればわかりやすくなるのよ。

でも、文は短くても主語と述語があるんでしょ。述語は四つもあるのかな。

「びっくりして、」「あわてふためきながら、」「見ましたが、」「刺さってはいませんでした。」が四つの述語よ。

そのとおり。この四つの述語の、それぞれの主語はどこにありますか？

「あわてふためきながら」と「見ましたが、」には主語がないよ。

「びっくりして、」と同じだから、書く必要がなかったのよ。

そうか。じゃあ「刺さってはいませんでした。」の主語は？

何が刺さっていたのですか？

何も。

それが主語です。

●

長くてふくざつな文も、こうやってばらばらにしていけば、一つひとつ単純（たんじゅん）な短い文に分けることができるのです。

これは便利だな。ぼく、長い文だと、とちゅうでわからなくなってしまうことがあるんだ。

とちゅうで主語が変わる文って、本当に長くて読みにくい。いらいらしちゃうわ。

でも述語から文を見ればいいんだよね。述語ってすごく便利だ。

さて、それではこの問題はどうですか。

問題3 次の問題に答えなさい。

● ①②の文の構造《こうぞう》を完成させるために、□に適《てき》切《せつ》な言葉を入れなさい。

①

昨夜のうちに、真っ白な雪がどっさり降《ふ》ったのです。

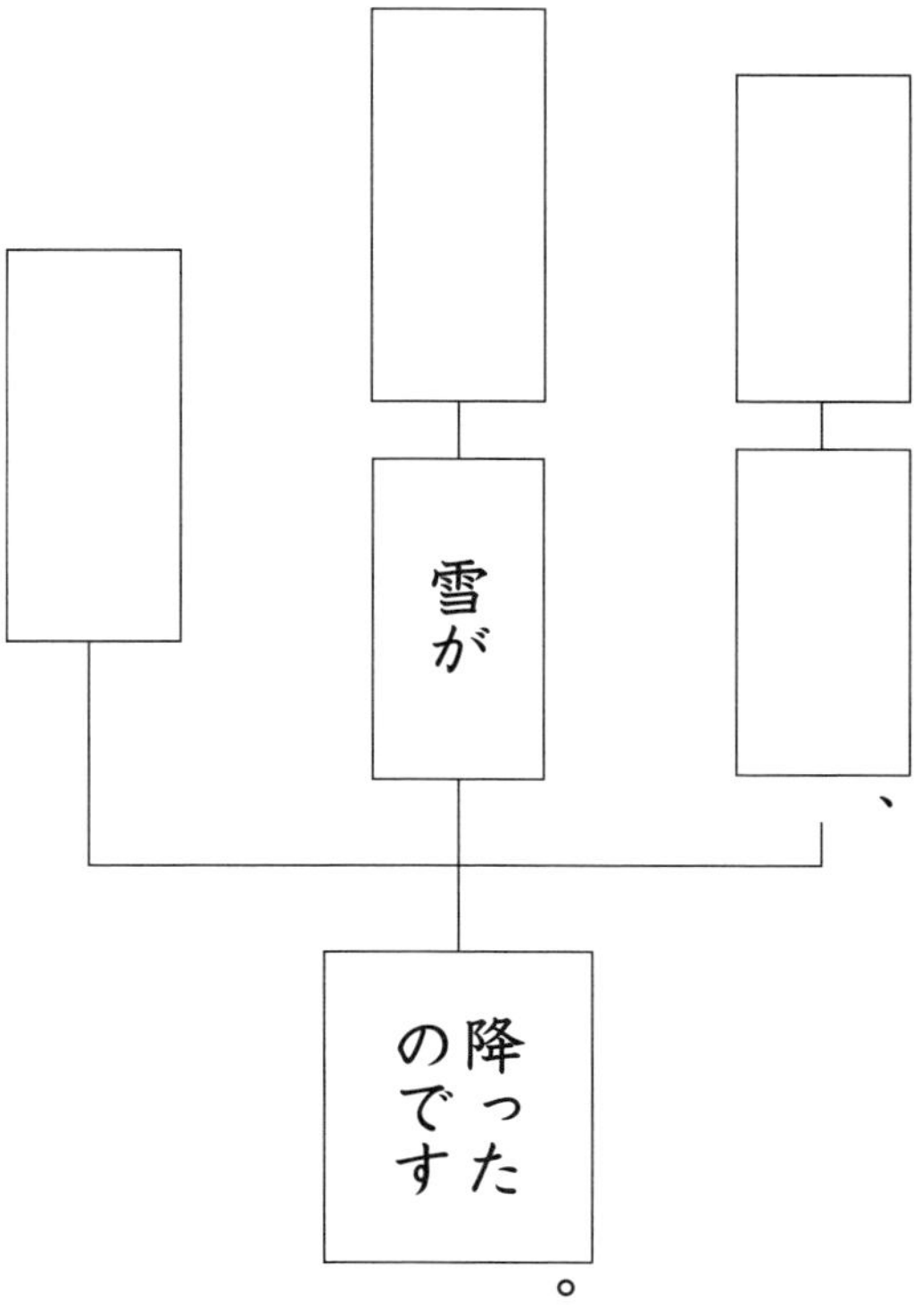

さあ、つながりをよく見てください。「降ったのです。」につながるのは、主語以外では「うちに、」と「どっさり」です。

◀◀「文の構造」の問題は次ページへ続くよ！

②

雪を　知らなかった　子どもの　狐《きつね》は、
あまり　強い　反射《はんしゃ》を　うけたので、目に
何か　刺《さ》さったと　思ったのでした。

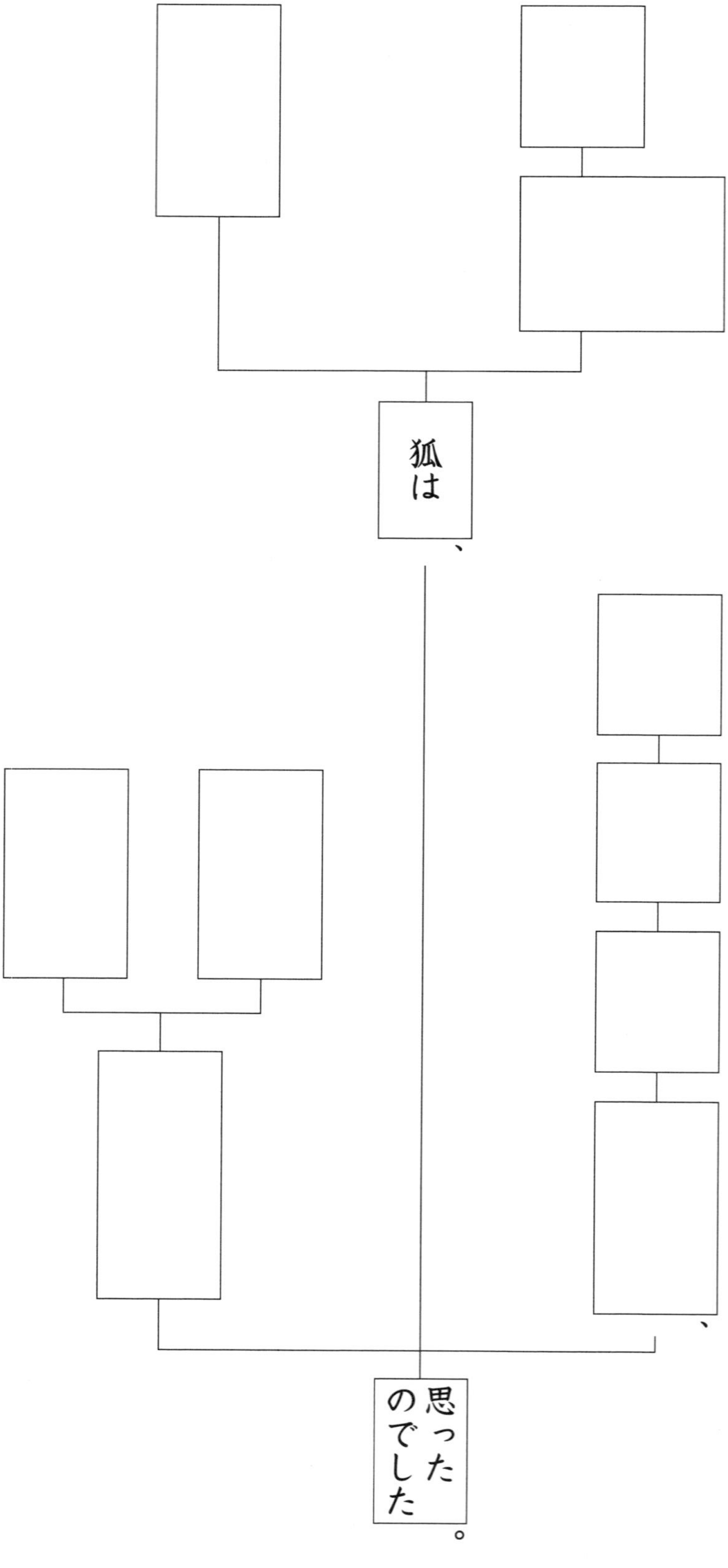

②もずいぶん長い文だね。

でも、主語と述語は「狐は、─思ったのでした」だけでしょ。

そうですね。こう見ると、ふくざつな文もあんがい単純な文になります。どんな狐なのか、狐はどう思ったのか、それはなぜなのかが、筋道（すじみち）にそって説明されているのです。

文の構造《こうぞう》 3

練習した日

月　日

手袋《てぶくろ》を買いに③

　子どもの狐《きつね》は遊びに行きました。真綿《まわた》のように柔《やわ》らかい雪の上をかけまわると、雪の粉が、しぶきのように飛び散って、小さい虹《にじ》がすっと映《うつ》るのでした。

　すると突然《とつぜん》、うしろで、「どたどた、ざーっ。」とものすごい音がして、パン粉《こ》のような粉雪が、ふわあっと子狐におっかぶさって来ました。子狐はびっくりして、雪の中にころがるようにして十メートルも向こうへ逃《に》げました。何だろうと思ってふり返って見ましたが、何もいませんでした。それは樅《もみ》の枝《えだ》から雪がなだれ落ちたのでした。まだ枝と枝の間から白い絹糸《きぬいと》のように、雪がこぼれていました。

◆言葉のつながり方を見きわめよう

ステップ2までとくらべると、ふくざつな文だよね。

ほんと。一文が長いのね。

だいじょうぶ。言葉のつながりを考えるようになれば、どんなにふくざつな文も単純（たんじゅん）な文の組み合わせにしか見えなくなります。

本当かなぁ。

さあ、子どもの狐が外の世界に出て行きましたよ。

何を見ても新鮮（しんせん）にうつるんでしょうね。雪を見るのが初めてなんだから。

雪をさわるのだって、初めてなんだ。不思議な世界に見えたのだろうね。

ところで質問（しつもん）があるんですけど。

どうぞ。どんなこと?

文の構造がわかると、何か、いいことあるの?

そうよね。わたし、学校でも主語・述語・修飾語（しゅうしょくご）を習ったけれど、それで何がわかるようになったのか、自分でわからないのよ。

「文の構造」の問題は次ページへ続くよ！

思い出してください。文の中で言葉はつながっていること、そのつながり方にもいろいろな形があることをたしかめてきました。

そうよね。

そしてこのステップでは文の構造を図にして、言葉のつながり方を見てわかるようにする練習をしました。

そうだよね。

それで、どうでした?

長い文やふくざつな文でも、つながりを見ていけば、そんなにむずかしくはないってわかったよ。

そう、言葉は必ずどこかにつながっているものだから、何がどこに、どんなふうにつながっているかを見れば、むずかしくてわからない文なんてないんだわ。

今、なんて言いました?
そうなんです。文はもともと、人が人に、あることを伝えたくて書いたものです。書いた人はわかりやすく、読みまちがえないようにと、きちんと筋道(すじみち)の通った文を書いているはずですよね。その筋道を見ようとしなければ、せっかくの文もわかりにくくなったり、読みまちがえたりすることになってしまいます。

そうだったのかぁ。

文を書いた人と同じ筋道を、わたしたちもたどれるようになればいいのよね。でも、それってむずかしいことなんでしょう。

いえいえ、それほどむずかしいことではありません。ふだん日本語を使って生活している君たちには、日本語で書かれたものを正しく読む力が、だれにもそなわっています。

じゃあ、どうしてぼくには今までそれができなかったの?

もともとその力は持っているのに、日本語の筋道を正しくたどるためのトレーニングをしていなかった。それでできなかったのです。

そのトレーニングが、今やっているこの練習なのね。

そうです。

なんだ、かんたんなんだね。言葉のつながりは、もうわかるようになったよ。

いや、トレーニングはこれだけではありません。文の中の言葉のつながりから、まとまった文章の中の文と文とのつながり、そして段落と段落とのつながり、文脈のつながり、論旨(ろんし)のつながりと、言葉はすべてつながり、筋道で表されます。これを、順を追ってトレーニングしていきましょう。

ひえー、そんなこと、ぼくにできるかなぁ？

もちろんだいじょうぶ。君たちはもともと日本語で考え、日本語で生活しているんですから。

ではここで、文の構造、言葉のつながりの形について、もう少し練習しましょう。

問題4　次の文を読んで、後の問いに答えなさい。

① 真綿《まわた》のように　柔《やわ》らかい　雪の　上を　かけまわる。

② 雪の　粉が、しぶきのように　飛び散って、小さい　虹《にじ》が　すっと　映《うつ》るのでした。

③ それは　樅《もみ》の　枝《えだ》から　雪が　なだれ落ちたのでした。

④ 枝と　枝の　間から　白い　絹糸《きぬいと》のように、雪が　こぼれていました。

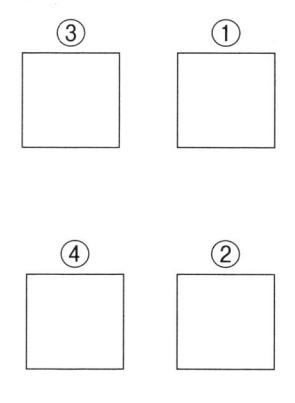

● ①～④までの文の構造《こうぞう》を、次のア～エから選んで、その記号を書きなさい。

① ［　　］　② ［　　］

③ ［　　］　④ ［　　］

ア

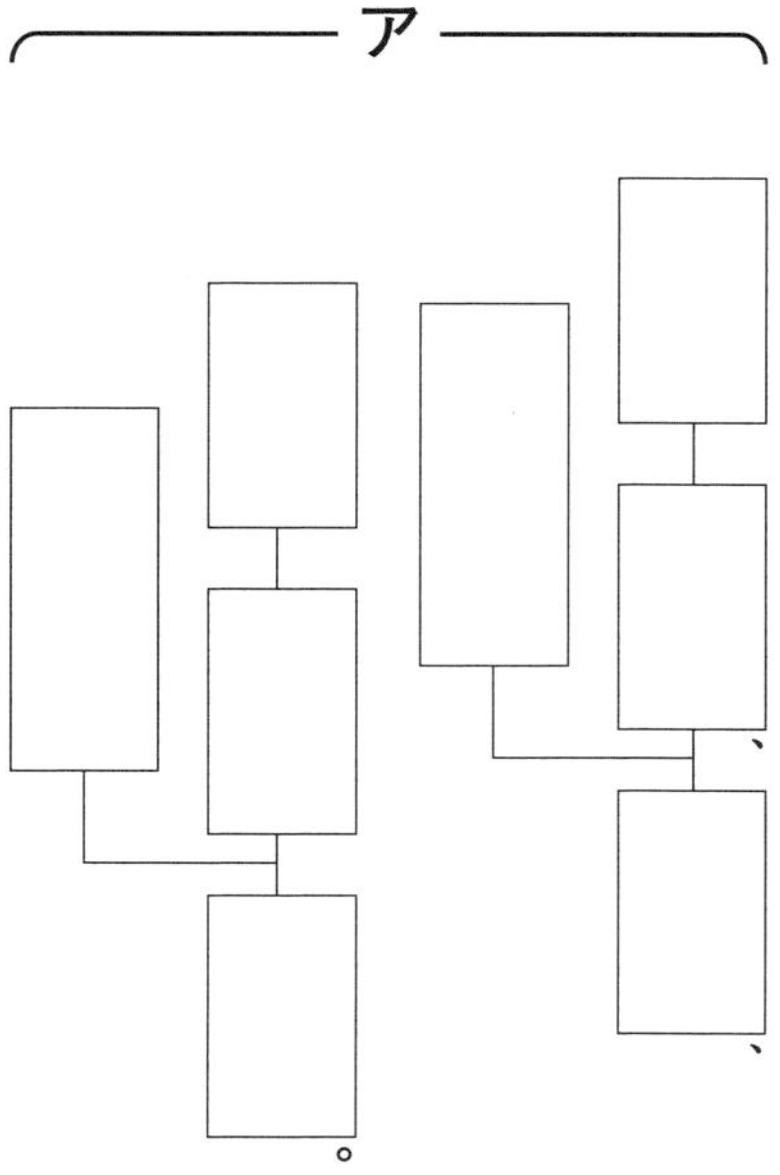

◀◀「文の構造」の問題は次ページへ続くよ！

イ

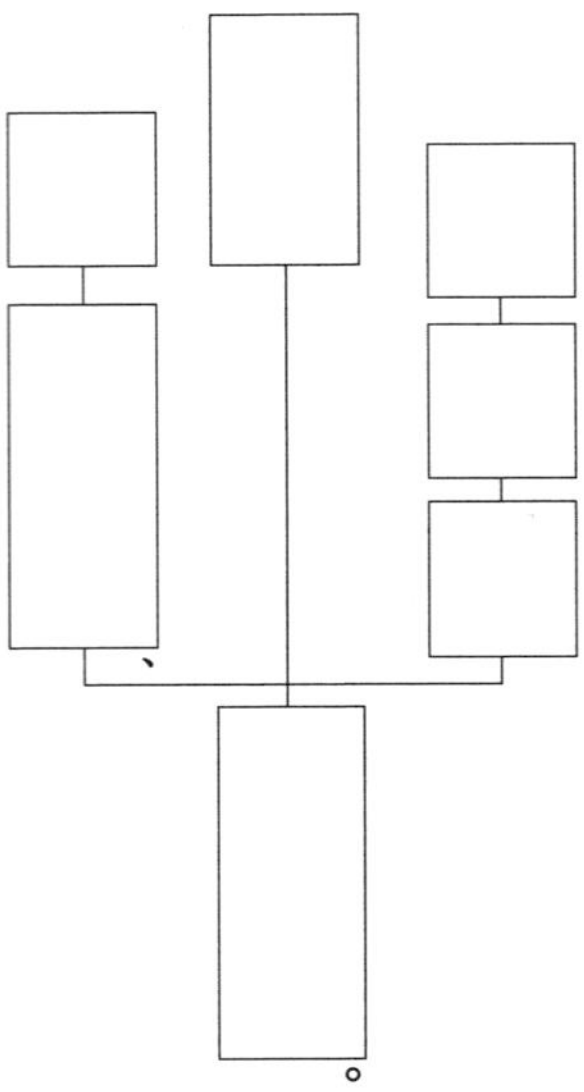

ウ

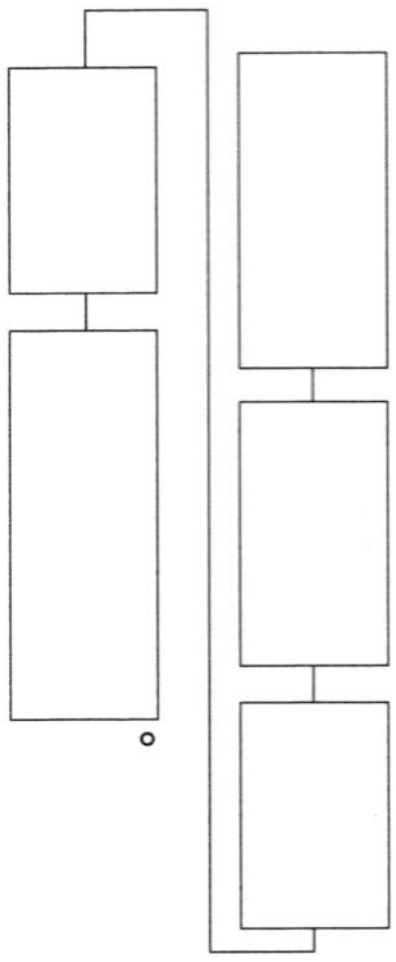

エ

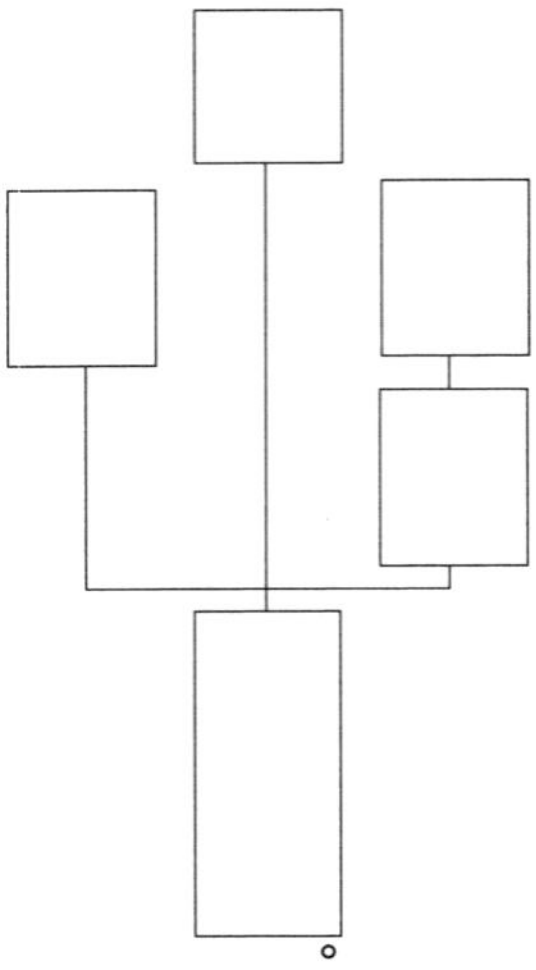

①の文の述語は「かけまわる。」だ。主語はここにはないね。

「かけまわる」のは「上を」、何の上かは「雪の」、どんな雪かというと「柔らかい」、どのような柔らかさかというと「真綿のように」と、順に一直線につながっている形ね。述語からたどってみると、とてもよくわかるわ。

②の述語は「飛び散って、」と「映るのでした。」の二つだよ。主語は「粉が」と「虹が」の二つ。これって、主語と述語が二つずつあるね。

二つの文がいっしょになったような文ね。「粉が」「映るのでした。」は、どう見てもつながらないわ。

③の述語は「なだれ落ちたのでした。」です。なだれ落ちたのは「雪が」なのですが、これは動作の主ですね。ここは子狐がびっくりした原因(げんいん)を説明している文です。だから「それは」「……でした」が本来の主語・述語になります。少しむずかしいと思いますが、「雪が」「なだれ落ちたのでした。」を文の中心にすることはできないと思います。

ここでちょっと、今までとちがうトレーニングをやってみましょうか。

はあーい!!

文の構造《こうぞう》 4

練習した日
月　日

問題5 次の文章を読んで、後の問いに答えなさい。

突然《とつぜん》、うしろで、「どたどた、ざーっ。」とものすごい音がして、パン粉《こ》のような粉雪が、ふわあっと子狐《こぎつね》におっかぶさって来ました。(1)子狐はびっくりして、雪の中にころがるようにして、(2)十メートルも向こうへ逃《に》げました。(3)何だろうと思ってふり返って見ましたが、何もいませんでした。それはもみの枝から雪がなだれ落ちたのでした。

(1) 「子狐はびっくりして」とありますが、どうして子狐はびっくりしたのですか。

突然、うしろで、□□□□□□□□□、□□がおっかぶさって来たから。

(2) 「十メートルも向こうへ逃げました」とありますが、どうしてですか。

子狐はてっきり□□□□と思ったから。

「文の構造」の問題は次ページへ続くよ！

(3) 「何だろうと思ってふり返って見ました」とありますが、実際《じっさい》には何が起こったのですか？

実際には、□□□□から、

□がなだれ落ちただけだった。

これから国語の問題の答え方について練習します。少しずつ練習していきますが、先に一つだけ覚えておいてください。

なに、なに？

国語の読解（どっかい）問題では、**答えは必ず問題文の中に書いてあります**。書いていないことは正解になりません。

ずいぶんはっきり言うのね。どうして？

国語のテストでは、いつもまとまった長さの問題文を読みますよね。それで君たちの何をためしているかわかりますか。

その問題文をちゃんと読めているかどうかでしょ。

そう、そのとおり。それ以外のこと、たとえば君たちの意見や感想などは、読解問題では問われません。だから問題文に書いてあることを、そのとおりに、または短くまとめて答えるだけなのです。

それではこの問題は、どうやって答えればいいの？

ここにある問題は、初めての人でもわかりやすいようにしました。「どうして」と聞かれているので、問題文の中から、特に——線部の前後からその理由をぬき出します。

そうか、わかった。(1)は「突然、うしろで、」から「おっかぶさって来ました。」の間が答えだな。あれ？ でも、答えのますの中にうまく入らないよ。

解答に指定の字数があれば、文の長さを調節します。そのとき、練習したあれが**役に立つ**のですよ。

そんな練習したっけ？

主語・述語が中心になって、説明する言葉がそれにつながるという**文の構造**（こうぞう）ね。

あ！ そうなのか。主語と述語さえあれば、あとは字数によって説明の部分を長く取ったり、短く省いたり、いろいろできるんだね。

そうです。これは将来（しょうらい）もずっと役に立ちますから、ぜひ覚えておいてください。

ステップ3

文の構造《こうぞう》 5

練習した日
月　日

手袋《てぶくろ》を買いに④

間《ま》もなく洞穴《ほらあな》へ帰って来た子狐《こぎつね》は、「お母《かあ》ちゃん、お手々が冷たい、お手々がちんちんする。」と言って、濡《ぬ》れて牡丹《ぼたん》色になった両手を母さん狐の前にさしだしました。母さん狐は、その手に、はあっと息をふきかけて、ぬくとい母さんの手でやんわり包んでやりながら、「もうすぐ暖《あたた》かくなるよ、雪にさわると、すぐ暖かくなるもんだよ。」と言いましたが、かわいい坊《ぼう》やの手に*しもやけができてはかわいそうだから、夜になったら、町まで行って、坊やのお手々にあうような毛糸の手袋を買ってやろうと思いました。

*しもやけ…長い時間、冷たい空気にふれることで、手足や指、耳たぶ、鼻などが赤くはれたりすること。痛みやかゆみがある。

牡丹色って、どんな色なんだろう？

牡丹の花のような赤むらさき色です。

雪をさわっていたので、赤くはれてしまったんだわ。かわいそうに。

どうして雪なんかさわるんだろう。冷たいってこと、知らないのかな。

この子狐は雪を見るのが初めてだって、今まで読んできたじゃない。

ああ、そういえばそうか。

お話の内容（ないよう）だって、文の中と同じようにつながっているんですよ。

それでは次の問題を、自分で考えて答えてください。

「文の構造」の問題は次ページへ続くよ！

問題6　次の文を読んで、後の問いに答えなさい。

子狐《こぎつね》は　濡《ぬ》れて　牡丹《ぼたん》色になった　両手を　母さん狐の　前に　さしだしました。

● 右の文の構造《こうぞう》を、今までの例にならって、自分で図式化しなさい。「言葉のつながり」を考えながら、□の中に当てはまる言葉を入れなさい。

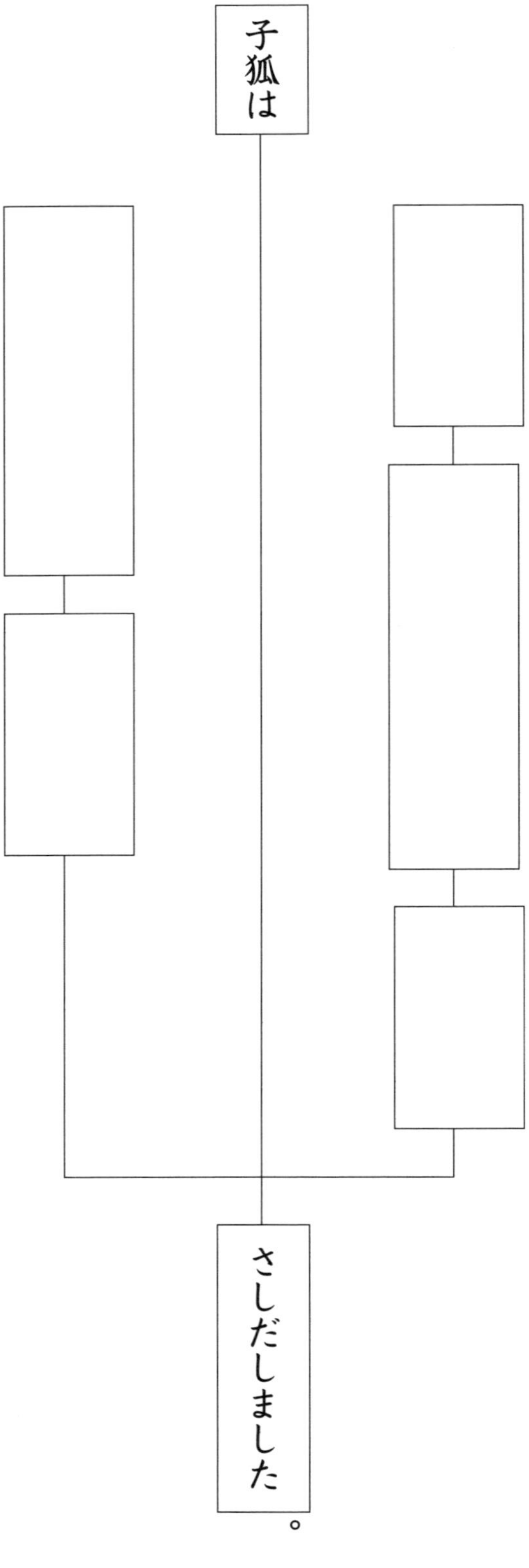

まず最初に述語をさがすんだ。述語は……「さしだしました。」だね。

主語は「子狐は」でしょ。主語と述語が一つずつの、単純（たんじゅん）な文だわ。

説明している言葉は「濡れて―牡丹色になった―両手を」と、「母さん狐の―前に」という言葉のかたまりが二つあるよ。

その両方とも、「さしだしました」を説明しているんだわ。

「何を」さしだしたか、「どこに」さしだしたかを説明しているんだね

二人とも、おみごとです。

これが文の中の筋道（すじみち）なんだね。文の内容（ないよう）が本当によくわかる。

そう、筋道を考えないで読もうとしていたころは、こんなにはっきりとは読み取れてなかったと思うわ。

それはよかったですね。私もうれしいです。

今まで、読む人によっていろいろな読み取り方があるんだと思っていたけれど、こうやってみると、本当はそんなことないんだよね。

そうよ。文を書いた人は、できるだけ正確（せいかく）に読む人に伝わるように書いているんだと思う。みんながばらばらな読み方をしたら、書いた人がかわいそうよ。書く人だって、読み手が筋道をしっかりたどれるように書いているはずなんだわ。

たとえ一つの文であっても、このように筋道をしっかりたどって読んだり書いたりすることが大切なんですね。このような筋道が、文の中の論理的（ろんりてき）な関係です。

それがわかれば、もう安心だね。

いやいや。前にも言ったように、文の中だけでなく、文と文、段落と段落、文脈と文脈との関係にも、それぞれ論理的な関係があります。

ひえ――っ！

あなたはいつもかんたんに考えすぎるのよ。

●

文の中の筋道が理解（りかい）できてきたところで、少し遊んでみましょう。

わーい！　遊ぶの大好き！

……。

「文の構造」の問題は次ページへ続くよ！

問題7　次の□を読んで、後の問いに答えなさい。

濡《ぬ》れて　両手を　さしだしました
母さん狐《ぎつね》の　牡丹《ぼたん》色になった　前に　子《こ》狐《ぎつね》は

● **言葉の順番をならべかえて、意味の通る正しい文に書きかえなさい。ただし、主語を最初に持ってくること。**

前のページを見ないようにして、ならべてみてください。

どこ？　どこで遊ぶの？

……。これは初めて見る問題ね。ばらばらな言葉をどうならべればいいのかしら。

言葉をどのようにならべればいいか、文の中の筋道（すじみち）がわかればできますよね。

述語は「さしだしました」、主語は「子狐は」だね。

あら、あなた遊んでいたんじゃないの？

もうだいじょうぶ。「濡れて」「牡丹色になった」「両手を」が一つのグループだね。

「母さん狐の」「前に」が、もう一つのグループ。この両方のグループが「さしだしました」を説明しているんだわ。

主語を最初に持ってきて、述語を最後に置くでしょう。あれ？　どっちのグループを先にすればいいんだろう。

特に決まりはありませんが、語数の多いグループを先にして、少ないグループを説明する言葉に近いほうへ置いたほうが、文としてしっくりくるようです。

さて、ちょっと早いけれど、ここで文の論理（ろんり）について、少し練習してみましょう。

ステップ3

文の構造《こうぞう》6

練習した日

月　日

問題8　次の文を読んで、後の問いに答えなさい。

母さん狐《ぎつね》は、その手に、はあっと息をふきかけて、ぬくとい母さんの手でやんわり包んでやりながら、「もうすぐ暖《あたた》かくなるよ、雪にさわると、すぐ暖かくなるもんだよ。」と言いました。

(1)　**「雪にさわると、すぐ暖かくなるもんだよ。」とありますが、なぜですか。その理由《りゆう》を自分で考えて、□に説明しなさい。**

「雪にさわると、すぐ暖かくなるもんだよ」？　反対じゃない？　「冷たくなる」のまちがいなんじゃないのかな。

◆「自分で考えて」も文の筋道《すじみち》から説明する

問題文の「自分で考えて説明しなさい」というのは、どういうことかしら。

好き勝手に考えていいの？　たとえば「母さん狐が素直じゃないから」とか。

みんなが勝手に考えて、ばらばらの答えを出すんじゃあ、答え合わせもできないじゃないの。きっと正解（せいかい）があるはずよ。

「文の構造」の問題は次ページへ続くよ！

そうですね、「自分で考えて」とあっても、好き勝手に答えていいわけではありません。文には論理的（ろんりてき）な関係があります。それを理解（りかい）することで、答えはみちびき出されるのです。

でも「雪にさわる」と「すぐ暖かくなる」とは、論理的につながらないよ。

母さん狐は――線部の前にも一度、「もうすぐ暖かくなるよ。」って言っているわ。

そうか、このとき雪をさわった子狐の手は、とても冷たいんだね。

そうです。母さん狐は冷たくなった子狐の手に息をふきかけ、自分の手で包んであげたので、「もうすぐ暖かくなるよ。」と言ったのですね。

そうか、「雪にさわると暖かくなる」と読むのじゃなくて、「雪にさわると冷たくなるけれど、こうすればすぐ暖かくなるもんだよ」って母さん狐は言っているんだね。

――線部の前のほうも、この文の前にある文も、よく読めばいいのね。

では、(1)の問題の部分を次のようにまとめて、もう一度といてみましょう。

---

(2)　(1)の一文を、筋道《すじみち》が立つように整理すると、このようになります。□に当てはまる言葉をますに書きなさい。

雪にさわる。

↓

［　　　］なる。

↓

母さんが息をふきかけ、手を包みこむ。

↓

もとの［　　　］にもどる。

なるほど、こういう筋道があるんだね。

一つひとつの文の、その筋道を正確（せいかく）におさえていくと、こんなによくわかるのね。

ところで問題8の文を読んで、何か気づきませんか?

長いね。声に出したら、ひと息じゃ読めないよ。

そう。こういう長い文には気をつけなければなりません。そこで、この文の主語と述語を確かめてみましょう。

問題9　次の文を読んで、後の問いに答えなさい。

母さん狐《ぎつね》は、その手に、はあっと息をふきかけて、ぬくとい母さんの手でやんわり包んでやりながら、「もうすぐ暖《あたた》かくなるよ、雪にさわると、すぐ暖かくなるもんだよ。」と言いましたが、かわいい坊《ぼう》やの手にしもやけができてはかわいそうだから、夜になったら、町まで行って、坊やのお手々にあうような毛糸の手袋《てぶくろ》を買ってやろうと思いました。

(1)　この文の主語は何ですか?

(2)　その主語に対する述語をすべてぬき出しなさい。

主語は一つ、述語はいくつかしら。文の最後は「思いました。」よ。これが述語のうちの一つに決まり！　文の中心は「母さん狐は―思いました。」よ。

そのとおり。では、述語は全部でいくつありますか?

母さん狐の動作は順に「ふきかけて、」「包んでやりながら、」「言いましたが、」「行って、」「買ってやろうと」「思いました。」だね。あれ?　六つもあって多すぎるよ。

◀◀「文の構造」の問題は次ページへ続くよ！

よく見てごらんなさい。「　」で囲まれた母さん狐の発言がありますね。

あるね。

その「　」で囲まれた部分が説明している述語があります。

「言いましたが、」よね。『……』と―言いましたが、」とつながっているんだわ。

最後の「思いました。」については、どうですか？

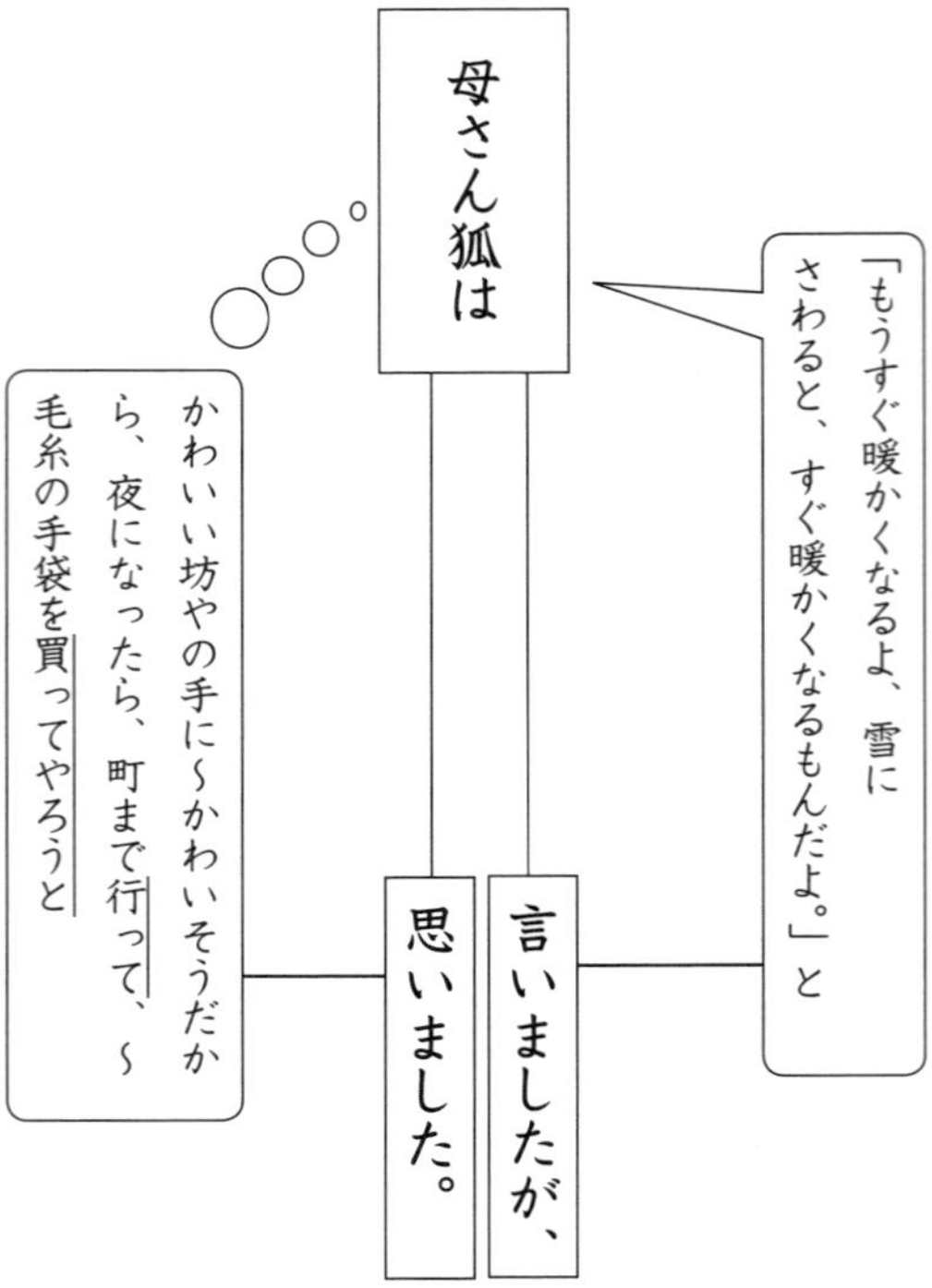

母さん狐が心の中で思っているところだね。わかった。「かわいい……買ってやろう」だよ。

そうです。そしてその中にある述語は、母さん狐が思っていることですから、この文の中心とは言えませんね。

ああ、そうか。この文の中心は「母さん狐は、―ふきかけて、―包んでやりながら、―言いましたが、―思いました。」なんだ。

どうして？「行って」「買ってやろうと」の両方とも、主語は母さん狐でしょう？

そうかな？「かわいい……買ってやろう」の部分は母さん狐が思っていることです。その部分の主語はここに書いてないけれど、あれば「わたしは」とかになるはずですよね。「母さん狐は」を主語とする述語は、この中にはありません。

そうか。母さん狐が心の中で自分のことを「母さん狐」なんて呼ぶわけないものね。お話の地の文と、登場人物（ここでは動物）の心の中では、主語がちがうんだよ。

さあ、文の構造（こうぞう）にもなれてきたようなので、少し細かいことですが、まちがいさがしをやってもらいましょう。

文の構造《こうぞう》7

練習した日

月　日

問題10 次の問題に答えなさい。

● 次の一文のまちがいを見つけ、正しい文に書き直しなさい。

① 子狐《こぎつね》の手を息をふきかける。

② 母さん狐は子狐に、「もうすぐ暖《あたた》かくなるよ、雪がさわると、すぐ暖かくなるもんだよ。」と言いました。

③ かわいい坊《ぼう》やの手をしもやけができてはかわいそう。

①

②

③

これが文の構造と、何か関係あるの？

これらのまちがいは、すべて言葉のつながりに関係ある部分のまちがいです。そして、君たちも作文などでよくまちがえるところです。

そうか。つながりがわからなくなってしまうと、文は意味が通じなくなってしまうわね。

そう。日本語で言葉と言葉のつながりを示す大切な言葉が、助詞（じょし）という小さな単語です。こんなに小さな助詞ですが、「文の構造を決めている」ことを覚えておいてください。

助詞 ▼ 言葉と言葉をつなぐ

は・を・へ・が・に など

ステップ4

文の要点 1

練習した日

月　日

手袋《てぶくろ》を買いに⑤

暗い暗い夜が*風呂敷《ふろしき》のような影《かげ》をひろげて野原や森を包みにやって来ましたが、雪はあまり白いので、包んでも包んでも白く浮《う》かびあがっていました。

親子の銀狐《ぎんぎつね》は洞穴《ほらあな》から出ました。子どものほうはお母さんのおなかの下へはいりこんで、そこからまんまるな目をぱちぱちさせながら、あっちやこっちを見ながら歩いて行きました。

*風呂敷…物を包むのに使う、大きな四角形の布。

◆長文も「要点」をつかめばラクに読める

これまでは、「主語・述語」「言葉のつながり」「文の構造（こうぞう）」という、文の形について見てきました。次のステップとして、文の要点をつかむ練習をしましょう。

お？　いよいよ読んで理解（りかい）する練習だね。

すぐにできるようになるかしら？

だいじょうぶ。ここでも一つの短い文から、その要点をぬき出していくようにします。

「要点」って、どんなものなの？

それはもう、主語・述語でしょ？

そう、その次に述語を説明している言葉です。

それができると、どんないいことがあるの？

要点をつかむことができれば、どんな長い文でもすっきりとわかるし、記述問題でもとてもラクに答えることができるのです。

この練習は、いろいろ役に立ちそうね。

さあ、狐の住んでいる森が夜になりました。

夜の森って真っ暗なんでしょ。でも真っ白な雪はそんな暗やみの中で白く浮かび上がっているんだわ。

神秘的（しんぴてき）な夜でしょうね。子狐は初めての光景に、またびっくりしているようですよ。それでは、問題に取りかかりましょう。

なんだか初めて見る問題だな。

問題1　次の文を読んで、後の問いに答えなさい。

暗い暗い夜が風呂敷のような影《かげ》をひろげて野原や森を包みにやって来ましたが、雪はあまり白いので、包んでも包んでも白く浮かびあがっていました。

(1)　「風呂敷」と同じ内容《ないよう》（イコールの関係）のものをぬき出しなさい。

□

(2)　「包んでも包んでも」とありますが、何が何を包むのですか。それぞれ漢字一字で答えなさい。

□が□を包む。

(3)　「浮かびあがっていました」とありますが、その主語は何ですか？

□

(1)は比喩（ひゆ）の問題ね。だって「風呂敷のような」って書いてあるもの。風呂敷とよくにた性質を持つ、まったく別のものがあるのよ。

そうだ。「リンゴのようなほっぺ」と同じだね。そうすると、風呂敷ににているものが同じ文の中にあるんだ。

◀◀「文の要点」の問題は次ページへ続くよ！

それが同じ内容（イコールの関係）のものなのね。

⑵は「風呂敷が」包むと思うんだけど、漢字一字ずつってあるからちがうんだ。

この文の主語・述語は何かしら。

「夜が—包みにやって来ましたが、」と「雪は—浮かびあがっていました」の二つだね。

そうです。包んでも包んでも白く浮かびあがるのは「雪」です。では、何が雪を包もうとしているのでしょうか?

はあ〜。初めて見るような問題だったな。

次も、きっと初めて見る問題ですよ。

問題2　次の文を読んで、後の問いに答えなさい。

暗い暗い夜が風呂敷《ふろしき》のような影《かげ》をひろげて野原や森を包みにやって来ましたが、雪はあまり白いので、包んでも包んでも白く浮《う》かびあがっていました。

⑴　上の文の論理的《ろんりてき》関係をまとめてみました。ア、イに当てはまる言葉を入れなさい。

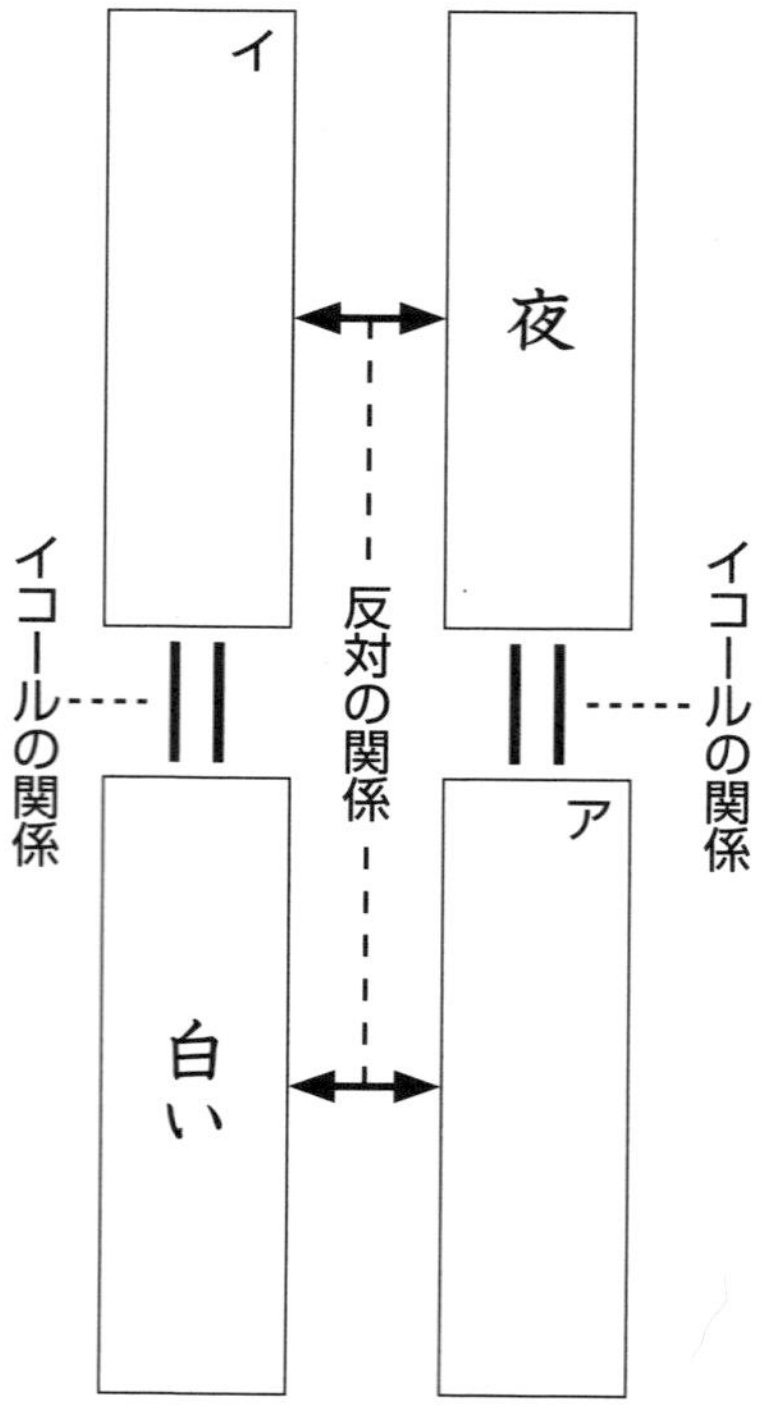

ちょっとちょっと、「論理的関係」って何よ。いきなりむずかしい言葉使われても、そんなの習ってないよ。

そうよ、まず先に説明してほしいわ。

ハハハハ。「論理的関係」と言ったって、何もむずかしいことはありません。よく見てください。使っている記号は二つだけ。「⟷」と「＝」だけです。

「⟷」が反対の関係で、

「＝」がイコールの関係。たったこれだけ?

そう。たったこれだけです。そんなにむずかしくないでしょう。

でも、夜と同じもの、反対のものは何かなんて……。

「白い」がヒントになる?

そうか、アには「夜」の性質が入って、イには「白い」ものの名が入るのかな?

そうよ。白いものはこの文では「雪」ね。雪と夜とが反対の関係。

そうすると、夜は暗い。これでいいかな?

さあ、まとめてみてください。

(2) 右の文の要点をまとめました。□に当てはまる言葉をぬき出しなさい。

□がやって来ましたが、

雪は白く□いました。

---

(1)は、「夜は暗い←→雪は白い」ということでしょう。これが論理的関係? これが要点になるのかしら?

これだけでは要点にはなりません。**要点は主語・述語をもとにします**。ただ、論理的な関係をおさえた上でまとめます。

ここでいうと、「反対の関係がある」ってことだね。「やって来ましたが、」というところ。

そうか。夜がやってきたのに……というところが重要なのね。

ぼく、気がついたことがある。

何? どんなこと?

文の要点は、主語・述語と近いんだね。

そうです。主語・述語は文の中心、それは要点の中心でもあるんです。

それをステップ1から練習していたのね。

考え方の筋道のカギ

要点のおさえ方

1 主語・述語をもとにする

2 論理的関係にも注目する

「文の要点」の問題は次ページへ続くよ!

ステップ4

文の要点 2

練習した日

月　日

問題3　次の文を読んで、後の問いに答えなさい。

子どものほうはお母さんのおなかの下へはいりこんで、そこからまんまるな目をぱちぱちさせながら、あっちやこっちを見ながら歩いて行きました。

(1)　**「子ども」の動作を四つ、それぞれ文の形に整理して答えなさい。**

子どもの動作を四つ、この文の中からぬき出すんだね。

お母さんのおなかの下へはいりこんで、目をぱちぱちさせて……。

主語はいるの?

全部子どもの動作とわかっていますから、いりませんよ。

(2)　**「そこ」とは、どこのことですか。十字以内で答えなさい。**

ぼく、こういう問題は苦手。当たるときはいいんだけれど、よく外れるんだ。

当たるとか外れるとか、ボールを投げて遊んでるみたいね。考えればいいじゃない。

どうやって？

「そこ」は場所を表す指示代名詞（しじだいめいし）でしょ。指示代名詞は同じことをくり返し言うのがイヤだから使うのよ。ということは、指示代名詞の前には場所を表す言葉があるはずなの。

ス、スルドイ！

手袋《てぶくろ》を買いに⑥

やがて、行く手にぽっつり明かりが一つ見え始《はじ》めました。それを子どもの狐《きつね》が見つけて、「母ちゃん、お星さまは、あんな低いところにも落ちてるのねえ。」と聞きました。

「あれはお星さまじゃないのよ。」と言って、

その時お母さん狐の足はすくんでしまいました。

「あれは町の灯《ひ》なんだよ。」

狐の親子は手袋を買いに、森を出たようですね。

狐の子には町の灯も初めて見るものなのね。

「お星さまが落ちてる」なんて、かわいいね。

山のほうから、遠く低い町の灯を見たのね。

●

ところで、文の「中心」と「要点」とは、どこがどうちがうの？

文の中心は主語・述語です。これは骨（ほね）組みです。骨組みはいちばん大事な部分ですが、それだけでわかることにはかぎりがあります。

要点は？

まあ、いっしょに見てみましょう。

「文の要点」の問題は次ページへ続くよ！

ステップ4

文の要点 3

練習した日　月　日

問題4 次の問題に答えなさい。

(1) それぞれの言葉がどの言葉とつながっているのか、例にならって矢印を書きなさい。

(例)

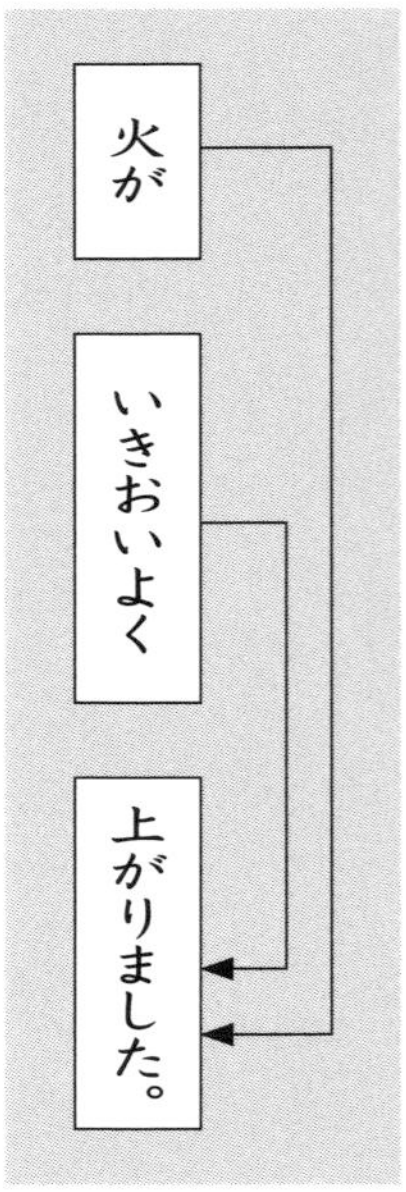

火が
いきおいよく
上がりました。

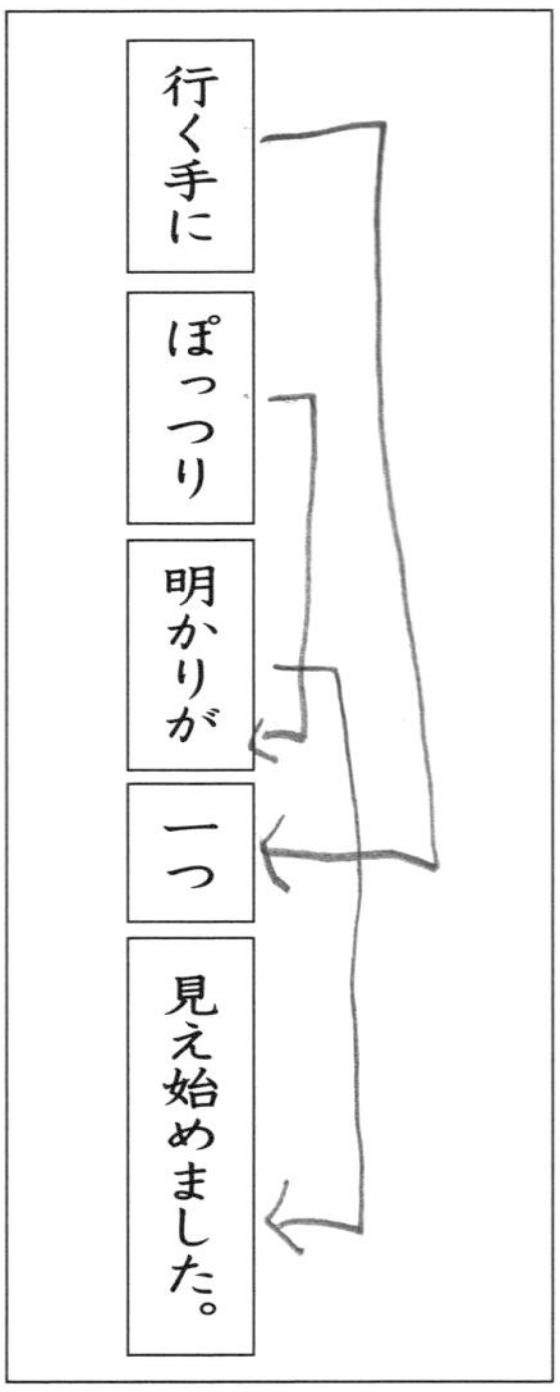

行く手に
ぽっつり
明かりが
一つ
見え始めました。

述語は「見え始めました。」で、主語は「明かりが」だね。

それぞれの言葉はどこにつながるのかしら。線で結べばいいのね。

主語につながっている言葉はないみたいだよ。

(2) 上の文の構造《こうぞう》を、自分で考えて図式化しなさい。

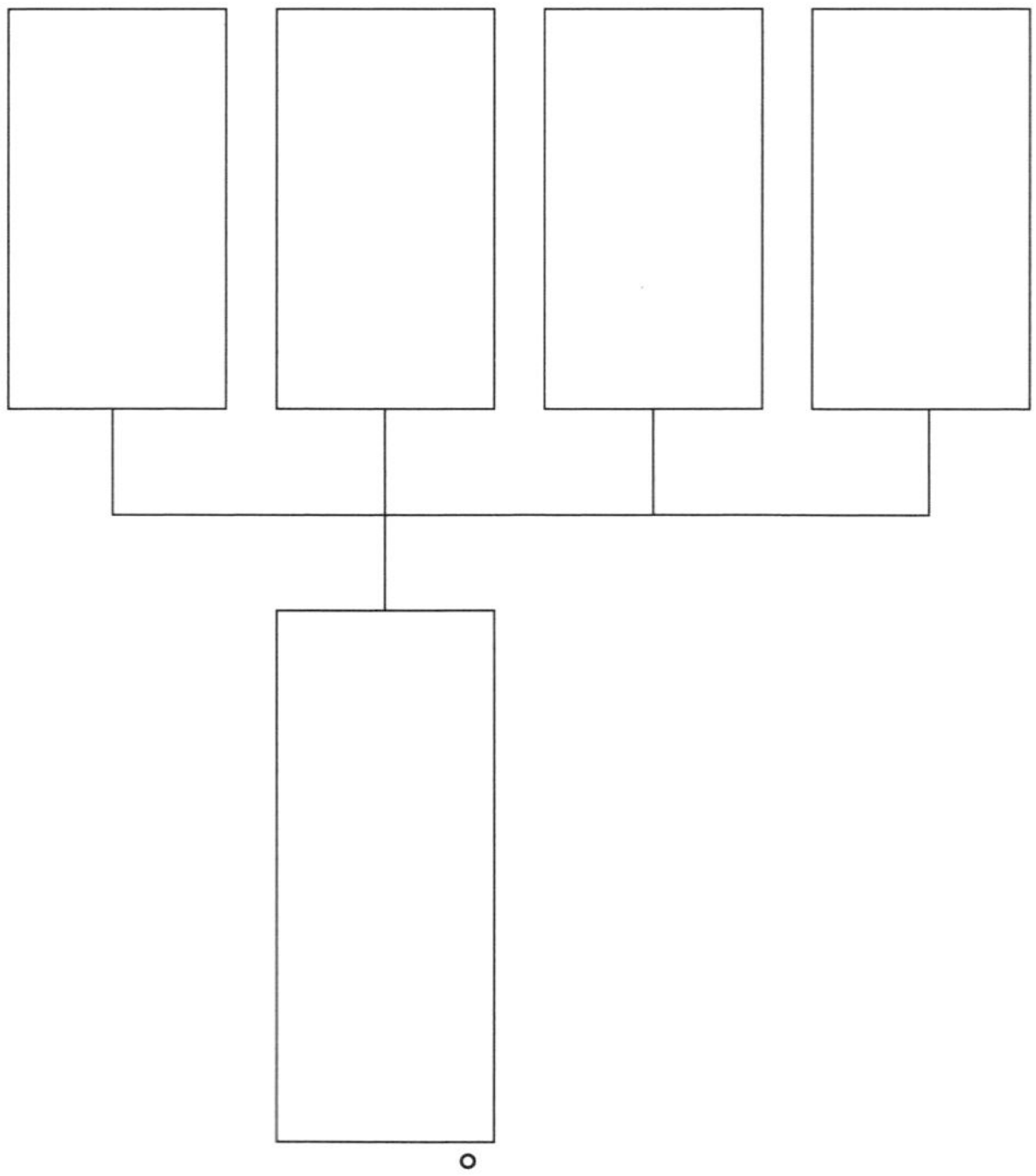

。

文の構造だな。文の中心は……。

すべて述語につながっていく構造なのね。

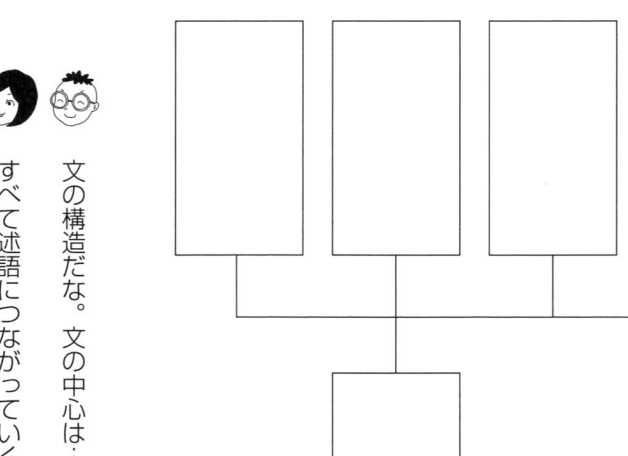

(3) **この文の要点を、十字前後でまとめなさい。**

きた〜っ！　いきなり要点をまとめなさいだって。

そんなぁ。できるのかしら。

とりあえず主語・述語で何字になるか、数えよ〜っと。

●

どうもよくはっきりしないな。主語・述語は文の要点と同じものなの？

まったく同じというわけではありません。文の要点は主語・述語をふくみます。

あら、要点というのは、「大事なところ」という意味よね。

そうです。

問題で、文について大事なところを聞かれるでしょ。その求められたものが要点なんじゃない？

なかなかいいところをついています。設問によって要点は変わります。

問題5　次の文章を読んで、後の問いに答えなさい。

行く手にぽっつり明かりが一つ見え始《はじ》めました。それを子どもの狐《きつね》が見つけて、「母ちゃん、お星さまは、あんな低いところにも落ちてるのねえ。」と聞きました。

「あれはお星さまじゃないのよ。」と言って、その時お母さん狐の足はすくんでしまいました。

「あれは町の灯《ひ》なんだよ。」

● **子どもの狐が、「お星さまは、あんな低いところにも落ちてるのねえ。」といった理由を、十五字以内で説明しなさい。**

「文の要点」の問題は次ページへ続くよ！

これは子どもの狐が町の明かりを見つけて、お星さまとまちがえた場面だ。

そうよ。だから、答えの述語は「まちがえたから。」でいいのよ。

主語は？　「子どもの狐が」でしょ？

字数は足りますか？　子どもの狐が主語になるというのは、問題文から明らかです。そのような場合は省略（しょうりゃく）してもかまいませんよ。

字数を調整できるのか。要点って、便利だな。

「町の明かりをお星さまとまちがえたから」。あら？　まだ三字はみ出しちゃう。

「お星さま」なんて、小さな子みたいに言わなくていいんじゃない？

ステップ4

文の要点　4

練習した日
月　日

手《て》袋《ぶくろ》を買いに⑦

その町の灯《ひ》を見たとき、母さん狐《ぎつね》は、ある時町へお友達《ともだち》と出かけて行って、とんだめにあったことを思い出しました。およしなさいって言うのもきかないで、お友達の狐が、ある家のあひるを盗《ぬす》もうとしたので、お百姓《ひゃくしょう》さんに見つかって、さんざ追いまくられて、命からがら逃《に》げたことでした。

「母ちゃん何してんの。早く行こうよ。」と子どもの狐がおなかの下から言うのでしたが、母さん狐はどうしても足がすすまないのでした。そこで、しかたがないので、坊《ぼう》やだけを一人で町まで行かせることになりました。

今までぼくがやった国語のテストに出ていた問題は、ほとんどが要点を答えさせるものじゃなかったのかな。

なんだか、わたしもそんな気がする。

そうかもしれませんね。要点を正確（せいかく）にぬき出せれば、当然、正確に読めていることになりますから。出題者にとっても、それは確実な実力判定（はんてい）になりますね。

さっきのところで突然、お母さんの足がすくんでしまったわけだけれど、ここにはその理由が書いてあるんだね。

かくされていたヒミツが、だんだん明らかになるところね。ワクワク。

狐のお母さんが人間を恐（おそ）れるようになった、かつての出来事を思い出しています。このように昔の出来事を思い出すことを「回想（かいそう）」といいます。物語では、「今の出来事」と「回想の出来事」を**しっかり見分けましょう。**

さっそく、回想部分を全体から見分ける練習です。

「文の要点」の問題は次ページへ続くよ！

問題6 次の文章を読んで、後の問いに答えなさい。

その町の灯《ひ》を見たとき、母さん狐《ぎつね》は、ある時町へお友達《ともだち》と出かけて行って、とんだめにあったことを思い出しました。およしなさいって言うのもきかないで、お友達の狐が、ある家のあひるを盗《ぬす》もうとしたので、お百《ひゃく》姓《しょう》さんに見つかって、さんざ追いまくられて、命からがら逃《に》げたことでした。

「母ちゃん何してんの。早く行こうよ。」と子どもの狐がおなかの下から言うのでしたが、母さん狐はどうしても足がすすまないのでした。そこで、しかたがないので、坊《ぼう》やだけを一人で町まで行かせることになりました。

---

(1) 母さん狐が昔のことをふり返って、思い出している場面（回想《かいそう》シーン）はどこですか。その場面の初めと終わりの五文字をぬき出しなさい（句読点はふくみません）。

□□□□□ から

□□□□□ まで。

わかった！「思い出しました。」の次から、回想が始まるんだ。

どこまで続くの？

「母ちゃん何してんの……」からは、今の話でしょ。

回想部分がどこか、わかりましたか？ 回想しているところがわかれば、問題ありませんね。次にもう少し広く深い内容について、少しずつ練習してみましょう。

(2) ――線部に「母さん狐はどうしても足がすすまないのでした。」とありますが、その理由を次のように整理して、まとめました。□□に適当《てきとう》な言葉を入れて、完成させなさい。

●なぜ、足がすすまないのか

□□□を見たとき、

とんだめにあったことを思い出したから。

●とんだめとは、どんなことか

お百姓さんに追いまくられ、

命からがら□□□こと。

●なぜ、お百姓さんに追いかけられたのか

□□の狐が、ある家のあひるを

□□□としたから。

□□に、文章から言葉をぬき出して入れていけばいいんだね。

「○○○を見たとき、とんだめにあったことを思い出したから。」というのは、最初の文を短くまとめたものね。

あ、本当だ。「○○○」は最初のほうに書いてあるね。

「とんだめとは、どんなことか」は、回想のところね。

「なぜ、お百姓さんに追いかけられたのか」というのも、回想部分に書いてあるよ。

このように自分で読んだものを整理して、筋道（すじみち）を立てて答えていくと、自然に問いの答えになるでしょう。これも論理（ろんり）です。

「文の要点」の問題は次ページへ続くよ！

文の要点 5

練習した日

月　日

手袋《てぶくろ》を買いに⑧

「坊《ぼう》やお手々を片方《かたほう》お出し。」と母《かあ》さん狐《ぎつね》が言いました。その手を、母さん狐はしばらくにぎっている間に、かわいい人間の子どもの手にしてしまいました。坊やの狐はその手をひろげたりにぎったり、つねってみたり、かいでみたりしました。

「何だか変《へん》だな母ちゃん、これなあに。」と言って、雪あかりに、またその、人間の手に変えられてしまった自分の手をしげしげと見つめました。

このお母さん、いくら人間がこわいからって、なんだかずるいよ。

お話の世界を楽しんでよ。あなたみたいな人が、「狐の手が人間の手になるはずがないよ。」なんて言い出すのよ。

まあまあ、そのくらいにして。ここでも子どもの狐は初めての体験をします。かわいいしぐさですね。

問題7　次の文章を読んで、後の問いに答えなさい。

「坊やお手々を片方お出し。」と母さん狐が言いました。[1]その手を、母さん狐はしばらくにぎっている間に、かわいい人間の子どもの手にしてしまいました。坊やの狐は[2]その手をひろげたりにぎったり、つねってみたり、かいでみたりしました。

「何だか変だな母ちゃん、[3]これなあに。」と言って、雪あかりに、またその、人間の手に変えられてしまった自分の手をしげしげと見つめました。

(1) ――線部1の「その手」とは、何の手ですか。

の手

あら、――線部1～3は全部、子狐の手じゃない。答えはみんな同じじゃいけないの?

指しているものは同じでも、答え方は全部ちがいます。

1は子狐の手だよ。すぐ前に母さん狐が「坊やお手々を片方お出し。」と言っているから、子狐が手を出したんだ。

そうよ。それはわかる。

(2) ――線部2の「その手」とは、どんな手ですか。なるべくていねいに説明しなさい。

これも1と同じ子狐の手でしょ。母さん狐と子狐のほかにはだれもいないんだし。

でも、問題文に「なるべくていねいに説明」ってあるわよ。

「子狐の手」が答えじゃないの?

(3) ――線部3の「これ」の内容《ないよう》を、本文からぬき出しなさい。

これも子狐の手だよね。ちがうの? もういやだ。イジワル!

「これなあに?」の後に「またその、」ってあるでしょ。わたしは「その」が気になるんだけれど。

たしかに、すべて子狐の手についての問題です。でも、質問のしかたによって、同じものでも答えがちがってくるところに気をつけてください。

文の要点 6

練習した日

月　日

手袋《てぶくろ》を買いに⑨

「それは人間の手よ。いいかい坊《ぼう》や、町へ行ったらね、たくさんの人間の家があるからね、まず表に円い*シャッポの看板のかかっている家を探《さが》すんだよ。それが見つかったらね、トントンと戸をたたいて、今晩《こんばん》はって言うんだよ。そうするとね、中から人間が、すこうし戸をあけるからね。その戸のすきまから、こっちの手、ほらこの人間の手をさし入れてね、この手にちょうどいい手袋《てぶくろ》ちょうだいって、言うんだよ。わかったね、決して、こっちのお手々を出しちゃだめよ。」と母さん狐《ぎつね》は言い聞かせました。

*シャッポ…ぼうしのこと。とくに、つばのあるぼうし。

母さん狐が手袋の買い方を説明しているね。

戸のすきまから、人間の手のほうをさし入れるように、くり返し教えています。

だいじょうぶかしら？　一人でできるかな。

問題8　次の問題に答えなさい。

● 次の□に、それぞれひらがな一字を入れて、意味の通る文章にしなさい。

いいかい坊や、
町 ① 行ったらね、
たくさんの人間 ② 家 ③
あるからね、まず表 ④ 円いシャッポの
看板のかかっている家 ⑤ 探すんだよ。

書いた作文について、「『てにをは』がまちがっている」と言われたことはありませんか？

あるある。ところで「てにをは」って、何？

助詞のことです。

ジョシ？　ぼくジョシは初めて。

61ページで少しふれましたよ。助詞は日本語の意味を決める上でとても大切な品詞（ひんし）です。

そんな大切なことなのに、ずいぶんいきなりね。

助詞はまた次のステップで練習しますから、ここでは意味が通じるように、できるだけ正しい助詞を選ぶ練習をしましょう。気軽に取り組んで。

意味が通じるようなひらがなを入れればいいのね。

そうです。ふだん日本語を使って生活していれば、そうむずかしい問題ではありません。

それ［⑥］見つかったらね、
トントンと戸［⑦］たたいて、
今晩［⑧］
って言うんだよ。そうする［⑨］ね、
中［⑩］［⑪］人間が、すこうし戸をあ
けるからね。その戸のすきまから、こっちの
手、ほらこの人間の手［⑫］さし入れてね、
この手［⑬］ちょうどいい手袋ちょうだい
っ［⑭］、言うんだよ。わかったね、
決して、こっち［⑮］お手々を出しちゃだ
めよ。

◀◀「文の要点」の問題は次ページへ続くよ！

ステップ4

文の要点 7

練習した日

月　日

手《て》袋《ぶくろ》を買いに⑩

「どうして。」と坊《ぼう》やの狐《きつね》はききかえしました。

「人間はね、相手が狐だとわかると、手袋を売ってくれないんだよ。それどころか、つかまえておりの中へ入れちゃうんだよ。人間ってほんとに恐《おそ》ろしいものなんだよ。」

「ふーん。」

「決して、こっちの手を出しちゃいけないよ、こっちのほう、ほら人間の手のほうをさしだすんだよ。」と言って、母さんの狐は、持って来た二つの＊白銅貨《はくどうか》を人間の手のほうへにぎらせてやりました。

＊白銅貨…銅(どう)とニッケルの合金で作られた銀白色の硬貨(こうか)。現在、使われている百円玉や五十円玉も白銅貨である。

母さん狐は子狐のことが、ずいぶん心配そうだね。

自分が人間からこわい目にあわされたのだから、当然よ。

さあ、文の要点のまとめの練習をしてみましょう。

ちょっと待った! いきなりむずかしくない?

いいえ、よく見て。順番に考えていけばいいのよ。

そうです。母さん狐の言葉からわかることを、順に読み取ってみましょう。

問題9　次の文章を読んで、後の問いに答えなさい。

「どうして。」と坊やの狐はききかえしました。

「人間はね、相手が狐だとわかると、手袋を売ってくれないんだよ。それどころか、つかまえておりの中へ入れちゃうんだよ。人間ってほんとに恐ろしいものなんだよ。」

(1) ——線部でいちばん言いたいことは何ですか。□に書きなさい。

[　　　　　　　　　　]こと

「いちばん言いたいこと」なんて、どうやってわかるの？　この——線部全部、言いたいことでしょ。

その中でも特に母さん狐が強い調子で言っていることが、いちばん言いたいことだと思う。声に出して言うとき、思わず大きな声になっちゃうようなセリフよ。

そうか。人間は狐には手袋を売ってくれない。それどころかつかまえちゃう。ここまでは人間の恐ろしさの説明だね。ここはそんなに大きな声を出さないよね。

そうよ。そして最後に、「人間ってほんとに恐ろしいものなんだよ。」っていうところ、ここではうったえている。

じゃあ、それを言うために恐ろしさの説明があったんだ。

---

(2) その理由《りゆう》を二つ、次の□に適切な言葉をぬき出して書きなさい。

人間は相手が狐だとわかると、

① [　　　　　　　　　　]。

② [　　　　　　　　　　]。

理由を二つぬき出すのか……。

母さん狐が人間を恐ろしいと言っているのは、人間は……するから。そう、恐ろしさの説明は、母さん狐が恐れる理由でもあるのね。

(3) ①と②の理由ではどちらがより大きいですか。

[　　]

◀◀「文の要点」の問題は次ページへ続くよ！

どちらが大きい？　字数ならわかるけど、言葉に大きさがあるの？　こんな問題、見たことないよ。

母さん狐が人間は恐ろしいと言う理由が二つありますが、比較するとどちらかが、理由として大きいのです。

わたし「それどころか、」っていう言葉が気になるの。これは前の文を受けて、前のことも〇〇だけれど、後のことはそんなていどではないっていうときに使う表現よ。前のことは後のことにくらべたら小さいはずよ。

このステップの最後に、ここに出てきた言葉の練習をしましょう。

ステップ2の言葉の結びつきの問題だね。

引き寄せ合ったり反発したりするっていう。

そう、⑴はそういう言葉の性質について確かめます。⑵はよく使う言い回しです。慣用（かんよう）表現とも言います。

問題10　次の問題に答えなさい。

⑴　次の文の□に合うものを、ア～オの中から選んで、記号で答えなさい。

①　□明かりが見える。

②　まんまるな目を□させる。

③　□追いまくられる。

ア　さっと	イ　さんざん
ウ　ぽっつり	エ　じっと
オ　ぱちぱち	

⑵　□に入る言葉を、自分で考えて書きなさい。

①　こわくて、足が□。

②　命□逃《に》げてきた。

③　とんだ□にあう。

ステップ5

助詞《じょし》と助動詞《じょどうし》 1

練習した日
月　日

◆それだけで意味を持つ言葉と持たない言葉

ところで、日本語の品詞（ひんし）には二種類あるって、知ってますか？

品詞は名詞・動詞・形容詞……二種類以上あるよ。

自立語と付属語のこと？

そうです。よく知ってますね。

ジリツゴ？　フゾクゴ？　何、それ？

名詞や動詞のように、それだけで意味を持つことのできる単語が**自立語**。助詞・助動詞のように、それだけでは意味がわからず、自立語にくっついて使われるのが**付属語**よ。

ドウイウコト？

花がさいた。

この文で、「花」と「さく（さい）」はそれだけで意味があるでしょ。

そんなの当然だよ。意味がなかったらわからないじゃないか。

でも――線部の「が」「た」は、それだけでは意味を持たないでしょ。

ほーほー。

この「が」と「た」は、それぞれ「花」「さく」という言葉にくっついて使われているのよ。

そうか、自立語にくっついて使われるので付属語とよばれるんだね。

そうなんです。付属語には助詞と助動詞があります。

大切

- 品詞《ひんし》
  - 自立語《じりつご》
  - 付属語《ふぞくご》
    - 助詞《じょし》
    - 助動詞《じょどうし》

「助詞と助動詞」の問題は次ページへ続くよ！

二つだけ?

そう、**二つだけ**。

ふーん。じゃあそんな言葉、大して重要じゃないんでしょ。

いえいえ、そんなことはありません。日本語ではとても重要な役割(やくわり)を持っているんですよ。まあ見てください。

私は学校へ行く。
私は学校へ行かない。
あなたは学校へ行くのか。

この文の自立語は?

「私(あなた)」「学校」「行く」だよね。

でも、文としての意味は全然ちがっているわ。

そう。否定(ひてい)文(打ち消す文)にするときも疑問(ぎもん)文(たずねる文)にするときも、助詞と助動詞が必要になるのです。

ふぅ〜ん。助詞と助動詞って大切なんだね。でも急にむずかしくなるのは、イヤだよ。

だいじょうぶですよ。文を論理的(ろんりてき)に読む手がかりとして、助詞・助動詞の働きを確認(かくにん)するだけです。

●

お話は、いよいよ子狐の、初めてのお使いだよ。

だいじょうぶかしら。なんだかとても心配。

手《て》袋《ぶくろ》を買いに⑪

子どもの狐《きつね》は、町の灯《ひ》を目あてに、雪あかりの野原《のはら》をよちよちやって行きました。初めのうちは一つきりだった明かりが二つになり三つになり、はては十にもふえました。狐の子どもはそれを見て、明かりには、星と同じように、赤いのや黄色いのや青いのがあるんだなと思いました。

　やがて町にはいりましたが通りの家々はもうみんな戸を閉《し》めてしまって、高い窓《まど》からあたたかそうな光が、道の雪の上に落ちているばかりでした。

　けれど表の看板《かんばん》の上にはたいてい小さな電灯がともっていましたので、狐の子は、それを見ながら、帽子屋《ぼうしや》を探して行きました。自転車の看板や、眼鏡《めがね》の看板やその他いろんな看板が、あるものは、新しいペンキで画《えが》かれ、あるものは、古いかべのようにはげていましたが、町に初めて出て来た子狐にはそれらのものがいったい何であるのかわからないのでした。

子狐の気持ちになって、子狐の目にうつる景色、聞こえる音を想像（そうぞう）してごらんなさい。初めての人間の町。君たちには見なれたものでも、子狐の目を通すと、すっかりちがって見えるものです。

子狐の目の高さって、低いよね。低いところから見ると、きっと全部大きく見えるんだろうね。

家の明かりだってそうよ。初めて見る目に、明かりはまぶしいくらいでしょうね。

そう。だれの目に見えたものかで、表現（ひょうげん）のしかたも変わってきますね。逆（ぎゃく）にいろいろな表現のしかたに注目すると、ふだん見なれたものでも、実に新鮮（しんせん）に見えることがあるのですよ。

さて、助詞・助動詞の使い分けの練習をしてみましょう。

ちょっと待ってよ！　まだなにも習ってないじゃない。

そうよ。教えてくれてから練習するのがふつうでしょ。

だいじょうぶ。君たちはもう何年も日本語で生活をしているのでしょう。ここでの練習はふだんと同じ日本語の使い方についてです。

「助詞と助動詞」の問題は次ページへ続くよ！

問題1　次の文を読んで、後の問いに答えなさい。

子どもの狐《きつね》は、町の灯《ひ》を目あて（　）、雪あかりの野原をよちよちやって行きました。

● （　）に入るひらがな一字を、□に書きなさい。

答えはわかるんだけれど、どうしてすぐにわかるんだろう。

あなたがいつも日本語を使って生活しているからじゃないかしら。

そうですね。外国生まれの日本語学習者だったら、こういう問題はよく考えなければできません。君たちは**前後の文脈から**自然に答えが出るでしょう。

でも、もしかしたらまちがっているかも。

もしまちがった答えがうかんだとしても、それをここに入れて文を読むと意味が通じませんね。君たちなら自分で正しいかまちがっているか、すぐにわかります。

問題2　次の文を読んで、後の問いに答えなさい。

狐は野原に<u>やって来た</u>。

(1) ――線部を現在《げんざい》のことに変えて文を作りなさい。

(2) ――線部を変えて、疑問《ぎもん》の文にしなさい。

「現在のこと」ってどういうこと？　これって現在のことじゃないの？

「やって来た」の最後の「た」は、その動作が前に起こったということを表しているんじゃないの？

疑問の文には、どうやってするの？

あなた、さっきからたずねてばかりじゃない。その調子でたずねる文にすればいいのよ。かんたんなのは述語の後に「か」を付けること。

問題3　次の文章を読んで、後の問いに答えなさい。

子どもの狐は、町の灯を目あてに、雪あかりの野原をよちよちやって行きました。初めのうちは一つきりだった明かりが二つになり三つになり、はては十にもふえました。狐の子どもはそれを見て、明かりには、星と同じように、赤いのや黄色いのや青いのがあるんだなと思いました。

(1) **子狐が野原で見たものは、何ですか。**

これはわかるよ。「明かり」だね。

そうかしら。「町の灯」じゃないの？

「明かり」と「町の灯」は、同じものを指しているよ。

「何ですか」の問いに答えが「明かり」では、何の「明かり」かわからないのじゃないかしら。もう少し具体的に「何です」と答えるには、「町の灯」だと思うわ。

(2) **子狐が見たものとにているのは、何ですか。**

これとにている問題があったね。

ステップ4の「問題5」だわ。

あのとき、子狐は町の灯と星をまちがえたんだ。だから答えは星！

もっと確実（かくじつ）な根拠（こんきょ）が、この中にありますよ。

「……と同じように」というところね。

(3) どういう点でにているのですか。十五字以内で答えなさい。

町の灯と星をまちがえるくらいだから、にているんだよ。狐の子は町の灯を初めて見るんでしょう。星は前から知っているんだね。

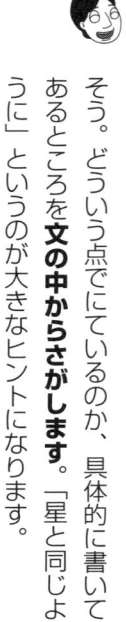

それでは「どういう点でにているのですか。」という質問に答えてないじゃない。

そう。どういう点でにているのか、具体的に書いてあるところを**文の中からさがします**。「星と同じように」というのが大きなヒントになります。

●

ところで今の問題、助詞・助動詞じゃなかったよ。

はははは。そうでしたね、では、次はちょっとふみこんでみましょうか。

ステップ5

助詞《じょし》と助動詞《じょどうし》 2

練習した日
月　日

問題4 次の問題に答えなさい。

● 文の――線部「も」と同じ使い方のものを、ア～ウの中から選んで記号で答えなさい。

明かりがはては十にもふえました。

ア　ぼくも中学受験《じゅけん》に合格《ごうかく》したよ。
イ　こんなにもがんばった。
ウ　君もこの本を読んだのか。

この問題わかった！　答えはイだね。

あら、どうしてわかるの？
だってアとウの助詞は「も」だけだけど、イは「にも」が同じだよ。

いいところに気がついていますが、それでは使い方はアとウ、イでどうちがうのですか？

それはその―……。
アとウは、「中学合格グループ」や「この本読んだグループ」に「ぼく」や「君」が追加されたっていう感じ？

問題文とイは、「も」がなければ「十にふえました」「こんなにがんばった」ってなるよね。これ、「も」があるときより、ずいぶんあっさりしているね。

そう。アとウは付け加える意味、問題文とイの「も」は強調ですね。

問題5 次の文を読んで、後の問いに答えなさい。

明かりには、星と同じように、赤いの（　）黄色いの（　）青いのがあるんだなと思いました。

「助詞と助動詞」の問題は次ページへ続くよ！

(1) ——線部の「ように」と同じ使い方のものを、次のア〜ウの中から選んで記号で答えなさい。

ア　明日は雨のように思える。
イ　君のようになればなあ。
ウ　まるで雪のようだ。

(2) 二つの（　）には、同じ言葉が入ります。ひらがな一字で答えなさい。

今度のは見た目だけじゃわからないかな？

あたりまえじゃない。よく読んで使い方のちがいを見つけなさいよ。

ア〜ウは「のよう」ってなってるけれど、問題文も「星のよう」ってならないのかなあ。

もう！　いいかげんなんだから。

いや、なかなかいいところをついているんですよ。「星のように」だけでわかるのに、読者の子どもたちにはっきりわかるよう、作者は「星と同じように」と書いたのではないでしょうか。

アは「雨らしい」って、明日のことを推量（すいりょう）しているんだわ。ウは比喩（ひゆ）よ。白いものとかやわらかいものとかを雪にたとえているのね。

イは？

これ、問題文とにてない？　「君と同じようになればなあ」でも同じ意味になるでしょう？

なるほど。

問題6　次の文を読んで、後の問いに答えなさい。

やがて町にはいりました（①）通りの家々はもうみんな戸を閉《し》めてしまって、高い窓《まど》からあたたかそうな光が、道の雪の上に落ちている（②）でした。

⑴（①）に入れるべき言葉を次のア～オの中から選び、記号で答えなさい。

ア　ので　イ　のに　ウ　し
エ　が　オ　ら

⑵（②）に入れるべき言葉を次のア～オの中から選び、記号で答えなさい。

ア　ばかり　イ　ほど　ウ　から
エ　よう　オ　みたい

町にはいる、家を見る。順番はその通りだから、①は「ら」でいいんでしょ？

「ら」を入れて読んでみなさい。おかしな文よ。町にはいった。戸を閉めていた。町っていえば人通りが多くて、にぎやかなはずでしょう。それなのにもう家々は戸を閉めていたっていうことなのよ。

そう。ここは、それまでの期待とは逆のことが続くときの接続（せつぞく）助詞がふさわしいでしょう。

それじゃあ、⑵は？　「だけ」だと、ぴったりするね。

わたしも「だけ」がいいと思ったけれど、ア～オの中にはないし……。

◀◀「助詞と助動詞」の問題は次ページへ続くよ！

助詞《じょし》と助動詞《じょどうし》 3

練習した日

月　日

問題7 次の問題に答えなさい。

(1) 次の（　）に入れるべき言葉を、ア～オの中から選んで、記号で答えなさい。

けれど表の看板《かんばん》の上にはたいてい小さな電灯がともっていました（　）、狐《きつね》の子は、それを見ながら、帽子屋《ぼうしや》を探《さが》して行きました。

ア が　イ し　ウ ところ
エ のに　オ ので

ぼくは「が」だと思う。ここに入れて読んだら、すんなり読めたから。

そんなやり方じゃダメよ。（　）の前後を見ると、「……電灯がともっていました」「狐の子はそれを見ながら……」って続いているじゃない。「が」だと逆接になってしまうわ。「電灯がともっていたけれど、探して行きました」なんておかしいでしょう。

そう。看板の上に小さな電灯がともっていたから、それを見ながら帽子屋を探していくことができたのです。ここは順接の接続助詞が入るでしょう。

(2) 次の文の「で」と同じ使い方のものを、ア～ウの中から選び、記号で答えなさい。

あるものは、新しいペンキで画《えが》かれ、

ア 彼は学校であそんだ。
イ そんなのうそでしょう。
ウ トンカチでたたいた。

これを言いかえると、「あるものは、新しいペンキを使って画かれ」でも同じ意味だよね。

そうね。使っている道具を示しているみたいね。同じ使われ方をしているものは……。

(3)　（　）に入る言葉を、ひらがなで答えなさい。

あるものは、古いかべの（３字）はげていましたが、町に初めて来た子狐《こぎつね》にはそれらのものがいったい何である（２字）わからないのでした。

三字のほうはわかった！　はげているようすが「ふるいかべ」みたいだっていうんだ。にているんだね。これはもう何回か見てきたよ。

二字のほうはむずかしいわ。「いったい何である……わからない」でしょう？　「か」が入る気がするけれど、一字だし。

(4)　——線の言葉の中には、一つだけほかと異《こと》なる内《ない》容《よう》のものがあります。□に書き入れなさい。

自転車の看板《かんばん》や、眼鏡《めがね》の看板やその他いろんな看板が、あるものは、新しいペンキで画《えが》かれ、あるものは、古いかべのようにはげていましたが、町に初めて来た子狐にはそれらのものがいったい何であるのかわからないのでした。

わかった。「何」だ。だって、これだけ「何であるのかわからないのでした。」ってあるでしょう。ほかのものはわかっているんだもの。

ちがうと思う。ここは子狐がいろいろな看板を見ているところでしょう。町に初めて来た子狐には「何」だかわからないものも、看板なのよ。

そうすると、この中から看板じゃないものをさがすんだね。

◀◀「助詞と助動詞」の問題は次ページへ続くよ！

助詞《じょし》と助動詞《じょどうし》 4

練習した日

月　日

手袋《てぶくろ》を買いに⑫

とうとう帽子屋《ぼうしや》が見つかりました。お母さんが道々《みちみち》よく教えてくれた、黒い大きな*シルクハットの帽子の看板《かんばん》が、青い電灯に照らされてかかっていました。

子狐《こぎつね》は教えられた通り、トントンと戸をたたきました。

「今晩《こんばん》は。」

すると、中では何かことこと音がしていましたが、やがて、戸が*一寸《いっすん》ほどゴロリとあいて、光の帯が道の白い雪の上に長く伸《の》びました。

子狐はその光がまばゆかったので、めんく ↘

らって、まちがったほうの手を、――お母さんが出しちゃいけないと言ってよく聞かせたほうの手をすきまからさしこんでしまいました。

「このお手々にちょうどいい手袋《てぶくろ》ください。」

すると帽子屋さんは、おやおやと思いました。狐の手です。狐の手が手袋をくれと言うのです。これはきっと木の葉で買いに来たんだなと思いました。そこで、「先にお金をください。」と言いました。

子狐はすなおに、にぎって来た白銅貨《はくどうか》を二つ帽子屋さんに渡《わた》しました。帽子屋さんはそれを人差《ひとさ》し指のさきにのっけて、カチ合わせて見ると、チンチンとよい音がしましたので、これは木の葉じゃない、本当のお金だと思いましたので、棚《たな》から子ども用の毛糸の手袋をとり出してきて子狐の手に持たせてやりました。子狐は、お礼を言ってまた、もと来た道を帰り始めました。

*シルクハット……男性用の頂上が平らで円筒（えんとう）形のつば付き帽子。

*一寸……昔（むかし）の長さの単位で、約3センチメートル。

さあ、子狐はようやく帽子屋にたどり着きました。

手袋は帽子屋さんで売っているんだね。子狐は初めて人間と会うんだ。

きっとドキドキしているはずよ。それに家の明かりだって初めてでしょう。とてもまぶしくて、あわてて狐のままの手を出しちゃったんだわ。

帽子屋さんは狐の手を見て、どうして木の葉で買いに来た、なんて思ったのかな。

ハッハッハ。日本では、狐はときどき人間を化かすと考えられていました。民話や伝説にも、狐が人を化かす話がたくさんありますよ。

でもよかった。お金が木の葉じゃない本物だってわかって、帽子屋さんは手袋を売ってくれたのね。

さて、それでは助詞で遊んでみましょう。

わーい！

何度も同じパターンで喜ばないの。

問題8 次の問題に答えなさい。

● 文をア、イのように変えると、どのような意味のちがいがあるか、説明しなさい。

帽子屋が見つかりました。

←

ア 帽子屋**も**見つかりました。

イ 帽子屋**だけ**見つかりました。

ア

イ

◀◀「助詞と助動詞」の問題は次ページへ続くよ！

意味のちがいって、どんなちがい？　見つかったのは全部帽子屋さんで、同じでしょ？

——線部の助詞が変わると、文の意味もちがってくるはずよ。アは、先に見つかったお店がほかにもあった場合よね。

そう考えるのか。じゃあイは、まだ帽子屋さんしか見つかってないんだね。

この場合、見つけたい店がほかにいくつかあるという場合を考えてみると、とてもよくわかりますよ。ほかの店は見つかっているのかいないのか、それを考えてください。

問題9　次の文を読んで、後の問いに答えなさい。

「今晩《こんばん》（　）。」

すると、中では何かことこと音がしていましたが、やがて、戸が一寸《いっすん》ほどゴロリとあいて、光の帯が道の白い雪の上に長く伸《の》びました。

(1) （　）に入るひらがな一字を書きなさい。

(2) 「ほど」と同じ意味の三字の言葉を、二つ書きなさい。

(3) 「光の帯」とは何のことですか。自分で考えて、答えなさい。

(1)はあいさつだから、「こんにちは」と同じだよね。

(2)の「一寸ほど」の「ほど」と同じ意味の言葉って……。

「一寸ほど」と近い意味になる助詞を、「ほど」以外の言葉に言いかえてください。

「一寸ほど」は、「一寸くらい」っていう意味だよね。

ほう、もう、一つ見つけましたね。

エッ？

(3)の「光の帯」は、「戸が一寸ほどゴロリとあいて」「道の白い雪の上に長く伸びました。」とあるから、戸がしまっていたときにはなかったのね。

問題10 次の問題に答えなさい。

(1) 次の文章は助詞が一か所まちがっています。まちがった助詞をふくむ言葉を上の□に、正しい言葉を下の□に書きなさい。

狐《きつね》の手が手袋《てぶくろ》をくれと言うのです。これはきっと木の葉が買いに来たんだなと思いました。

「狐の手が手袋をくれと言うのです」というのはおかしいよ。手がしゃべるなんて。

いいえ、それは帽子屋から見たようすよ。狐の子が手だけ出して、しゃべっているんだわ。それより「木の葉が買いに来たんだな」のほうがおかしいと思う。

(2) 次の文は助詞が二か所まちがっています。まちがった助詞をふくむ言葉を上の□に、正しい言葉を下の□に書きなさい。

これは木の葉じゃない、本当のお金だと思いましたけど、棚《たな》から子ども用の毛糸の手袋をとり出してきて子狐の手を持たせてやりました。

おかしいよ。「本当のお金だと思いましたけど、」って、本当のお金なら売ってあげて当然でしょ。「けど」は失礼だよ。

だから、そこがおかしいのよ。おかしいところが、もう一つあるはずよ。

 「助詞と助動詞」の問題は次ページへ続くよ！

ステップ5

助詞《じょし》と助動詞《じょどうし》 5

練習した日

月　日

手袋《てぶくろ》を買いに⑬

「お母さんは、人間は恐《おそ》ろしいものだっておっしゃったがちっとも恐ろしくないや。だってぼくの手を見てもどうもしなかったもの。」と思いました。けれど子狐《こぎつね》はいったい人間なんてどんなものか見たいと思いました。

ある窓《まど》の下を通りかかると、人間の声がしていました。何というやさしい、何という美しい、何というおっとりした声なんでしょう。

「ねむれ　ねむれ
母の胸《むね》に、
ねむれ　ねむれ
母の手に。」

子狐はその歌声は、きっと人間のお母さんの声にちがいないと思いました。

「人間はこわくない」と思ったら急に、子狐はもっと人間のことを知りたくなってきたんだ。見知らぬ夜の町でひとりぼっちなのに、勇気があるね。

ここまで雪も明かりも人間も、どれも初めて見た子狐だったのよ。でも人間の歌声を聞いて、お母さんは人間も狐も同じにちがいないって思ったのよ。お母さんのことを思い出したのね、なんだか感動的！

●

さて、助動詞の練習をしましょう。

ところで、助詞と助動詞はどこがどうちがうの？

自立語と付属語のちがいはわかりますよね。

81ページで教えてもらったから、それはわかる。

助詞も助動詞も、**付属語**です。

それだけ？

活用するのが助動詞です。助詞は活用しません。

それだけ？

ここでは文法知識（ちしき）をふやすのが目的ではなく、文を論理的（ろんりてき）に読む手がかりとして文法の利用法を練習します。文法の勉強をすると、細かな知識のための勉強になってしまうことがありませんか？

活用 言い切ったり、ほかの語に続くとき、語形が変わること。

活用する助動詞・活用しない助動詞

●**助動詞**………活用する

そうだ

おもしろそうだね。
帰れそうにない。

—の語によって語形が変わる。

●**助詞**………活用しない

が　を

狐が手袋を買う。
雲がお日さまをかくす。

どんな語についても、語形は変わらない。

ある、ある。わたし、いっしょうけんめい文法を勉強したことがあるんだけれど、何の役に立つのかわからなかった。読解（どっかい）と文法って、全然ちがう勉強だと思ってた。

じゃあ、文法は勉強しなくていいの？

文を論理的に読む手がかりとして、文を読むときに文法を意識してみてください。それができるようになってから文法を勉強すると、文法も読解もおどろくほどよくわかります。

でも、勉強しないでどうやって文法を意識（いしき）するの？　無理っぽくない？

君たちは小さいころから日本語で生活してますよね。だから君たちの中には日本語の例文がたくさんつまっています。小さいころから聞いたり読んだりした正しい日本語は、君たちの身体の中でしっかり生きているんですよ。

そうか！　だから意味の通じる文と通じない文とが区別できたり、おかしな文が自然にわかるのね。

そう、だから**自信を持ってトレーニング**してください。

 「助詞と助動詞」の問題は次ページへ続くよ！

問題11 次の文章を読んで、後の問いに答えなさい。

「お母さんは、人間は恐《おそ》ろしいものだ[1]って
おっしゃったがちっとも恐ろしくないや。だってぼくの手を見てもどうもしなか[2]った[3]もの。」と思いまし[4]た。けれど子狐《こぎつね》はいったい人間なんてどんなものが[5]見たい[6]と思いました。
ある窓《まど》の下を通りかかると、人間の声がしていました。何というやさしい、何という美しい、何というおっとりした声なんでしょう[7]。

●――線部1～7までの助詞・助動詞の働きとして最も適当《てきとう》なものを、下のア～キの中から選び、記号で答えなさい。

1 イ

2 オ

3 ア

4 ウ

5 カ

6 エ

7 キ

ア 過去《かこ》のことを表すもの
イ 強く言い切るもの
ウ 自分が思ったことをやわらかく言ったもの
エ 希望を表すもの
オ 打ち消しを表すもの
カ 疑問《ぎもん》を表すもの
キ ていねいな言い方

1ははっきり言い切っているよね。「人間は恐ろしいものだ。」っていうのは。

そう。「人間は恐ろしいものかも。」なんて、今の子たちのあいまいな言い方と、大ちがい。

5は助動詞じゃないよね。

これは助詞よ。活用しないでしょ。

7は？　活用する？

7は不変化型の活用しない助動詞です。意味はちょっとむずかしいですね。

でも、短い文なのに、ずいぶん助詞や助動詞が使われているんだね。

国語辞典を見ればわかりますが、名詞や動詞や形容詞はそれこそ何万語という数があります。でも、助詞・助動詞はそう多くはありません。現代語でよく使われるものは**六十語から七十語くらい**でしょうか。

そんなもの？

それだけのものが、くり返し文の中に出てくるのね。

そう。わずかこれだけの助詞・助動詞のおかげで、書き手は自由に表現（ひょうげん）することができるようになります。助詞・助動詞をうまく使えるようになると、正確（せいかく）に、豊かな文章を書くことができるのです。

「助詞と助動詞」の問題は次ページへ続くよ！

助詞《じょし》と助動詞《じょどうし》 6

練習した日　月　日

問題12　次の文章を読んで、後の問いに答えなさい。

「お母さんは、人間は恐《おそ》ろしいものだっておっしゃったがちっとも恐ろしくないや。だってぼくの手を見てもどうもしなかったもの。」と思いました。けれど子狐《こぎつね》はいったい人間なんてどんなものか見たいと思いました。

ある窓《まど》の下を通りかかると、人間の声がしていました。何というやさしい、何という美しい、何というおっとりした声なんでしょう。

「ねむれ　ねむれ
母の胸《むね》に、
ねむれ　ねむれ
母の手に。」

子狐はその歌声は、きっと人間のお母さんの声にちがいないと思いました。

(1)　——線部ア～ウの言葉には、一つだけちがう種類のものがあります。記号を書きなさい。

ちがうのはイじゃないの？　「ない」が二つに「なか」が一つ。見ればわかるよ。

それじゃあ根拠（こんきょ）がないじゃない。

これだけではよくわからないでしょう。では、先に次の問題を見てみましょう。これができたら、(1)もかんたんです。

（2）次の説明文の（　）に入れるべき適当《てきとう》な言葉を、□に書きなさい。

ア〜ウのどの言葉も意味は（①）で、区別はできません。そこで、自立語《じりつご》か（②）語かを、調べてみました。

「恐ろしくない」は、「は」をはさんでみると、「恐ろしくはない」となり、「ない」は（③）語となることがわかります。

「どうもしない」は、「は」をはさむことができないので、「ない」は（④）語です。

「ちがいない」は、「は」をはさむことが（⑤）ので、「ない」は自立語です。

このように、「どうもしない」の「ない」だけが、付属語《ふぞくご》で、活用するので、（⑥）詞《し》だということができます。

①

②

③

④

⑤

⑥

これは形容詞の「ない」と、打ち消しの助動詞の「ない」の見分け方だな。

そうです。よくわかりましたね。

「は」をはさむことができるかできないかって、どういうこと？

形容詞は自立語ですが、助動詞は付属語です。

それは知っているよ。

わかった！　付属語である助動詞の「ない」は自立語にくっついているけれど、自立語である形容詞の「ない」はくっついていない、ただ、自立語と自立語が並んでいるだけなのね。

そうか。ピッタリくっついた自立語と付属語との間に「は」をはさむことはできないけど、自立語どうしが並んでいる場合は、はさむことができるんだね。

助詞《じょし》と助動詞《じょどうし》 7

練習した日
月　日

手袋《てぶくろ》を買いに⑭

だって、子狐《こぎつね》が眠《ねむ》る時にも、やっぱり母さん狐は、あんなやさしい声でゆすぶってくれるからです。

するとこんどは、子どもの声がしました。

「母ちゃん、こんな寒い夜は、森の子狐は寒い寒いってないてるでしょうね。」

すると、母さんの声が、

「森の子狐もお母さん狐のお歌をきいて、洞穴《ほらあな》の中で眠ろうとしているでしょうね。さあ坊《ぼう》やも早くねんねしなさい。森の子狐と坊やとどっちが早くねんねするか、きっと坊やの方が早くねんねしますよ。」

それをきくと子狐は急にお母さんが恋《こい》しくなって、母さん狐の待っているほうへとんで行きました。

子狐が人間のお母さんと子どもの会話を聞いているのね。

寒いのに、窓の外でじっと耳をすませているのは、つらくないかなあ。

寒いとかつらいとかより、母さん狐が恋しくなってしまったようよ。

本当だ。「とんで行きました。」っていうところに、早く母さん狐のところに帰りたいという子狐の気持ちが出ているね。

狐の子は人間の町に入ってとてもきんちょうしていましたが、ふと人間の親子の会話を聞いて、急に母さん狐のことが思い出されたのですね。

助動詞の使い方を練習しましょう。

問題13 次の問題に答えなさい。

(1) 次の文には助動詞が一つ使われています。その助動詞を使わない文に変えなさい。

洞穴の中で眠ろう。

(2) (1)でできた文を過去《かこ》の文に変えなさい。

(3) (1)でできた文をていねいな言い方に直しなさい。

これは意味にふさわしい助動詞を選ぶ練習です。

問題の文で助動詞はどこに使われてる？

「眠ろう」の中にあるはずよ。「洞穴の中で」の「の」と「で」は助詞、「洞穴」「中」は名詞だから。

それなら「ろう」が助動詞？

「眠ろう」の言い切りの形は「眠る」。「ろ」は「眠る」の活用語尾（活用するときに形の変わる部分）よ。だから助動詞は「う」だけ。

そうか。なら、「う」を取ればいいのか。「洞穴の中で眠ろ。」、……あれ？

文が終わる形にしなければダメよ。

(2)は以前にしたという文の形にすればいいんだね。

(3)はふつうよりもていねいな言い方ですわ。おほほ。

ウェッ。

(4) 次の文は命令する形になっています。助動詞を取ることで、もとの形にもどしなさい。

坊やも早くねんねしなさい。

「しなさい」が命令している部分だよね。これを取るのか。

それをぬいたら「坊やも早くねんね」になって、赤ちゃん言葉みたいだわ。

そう、ちょっと取りすぎていますね。

ああ、そうか。「しなさい」の「し」は動詞「する」の連用形（れんようけい）だね。しません・しよう・します・する・するとき・すれば・しろ（せよ）。

何、それ？

動詞「する」の活用。活用の種類はサ行変格活用。

スゴイ！　どうしたの？　急に。

する ｛ しません　しよう　します　する　するとき　すれば　しろ（せよ）

活用表を見たんだ。持っている国語辞典の後ろのほうのページに「**動詞活用表**」が付いているのを思い出して……。

いいことを思い出しましたね。国語辞典は言葉の意味や漢字を調べるだけでなく、多くのことがわかる**便利な本**です。付録のページがたくさん付いているので、時間のあるときに読んでごらんなさい。

問題14 **文に入る、ひらがなを□に書きなさい。**

① 坊やも早くねんね［し］よう。

② 坊やも早くねんね［すれ］ばいい。

③ 坊やも早くねんね［し］た。

①

②

③

おお、これも活用だ。前と同じ「する」の活用だね。

国語辞典の「動詞活用表」を見ればできるのね。でも辞典をいつでも持ち歩いてることなんて、できないけれど。

だいじょうぶ。問題を見てごらんなさい。答えが自然に出てきますよ。だってみんな、小さいころからずっと日本語を使って生活しているのですから。将来、君たちが助詞・助動詞をマスターするには、活用と接続についての知識（ちしき）も必要です。見分けができ、意味もよくわかるようになるからです。でもこの時点では、それほど深く広く知る必要はありません。ここに大切なものがあるのだということだけ、記憶にとどめておいてください。

助詞《じょし》と助動詞《じょどうし》 8

練習した日

月　日

手袋《てぶくろ》を買いに⑮

母さん狐《ぎつね》は、心配しながら、坊《ぼう》やの狐の帰って来るのを、今か今かとふるえながら待っていましたので、坊やが来ると、温《あたた》かい胸《むね》に抱《だ》きしめて泣きたいほどよろこびました。

二匹《ひき》の狐は森のほうへ帰って行きました。月が出たので、狐の毛なみが銀色に光り、その足あとには、コバルトの影《かげ》がたまりました。

「母ちゃん、人間ってちっとも恐《こわ》かないや。」

「どうして？」

「坊、間違《まちが》えてほんとうのお手々出しちゃったの。でも帽子屋《ぼうしや》さん、つかまえやしなかったもの。ちゃんとこんないい暖《あたた》かい手袋《てぶくろ》くれたもの。」と言って手袋のはまった両手をパンパンやって見せました。

母さん狐は、「まあ！」とあきれましたが、「ほんとうに人間はいいものかしら。ほんとうに人間はいいものかしら。」とつぶやきました。

子狐は無事に母さん狐のところに帰れたんだね。

「ほんとうに人間はいいものかしら。」を二度くり返す母さん狐の言葉が、なんだか意味深ね。

ところで、助詞・助動詞とは仲よくなれましたか?

うーん、なぜか、助詞・助動詞が自然に頭にうかぶね。

そうね。まちがった使い方を見せられても、おかしいってすぐにわかるし。

その調子。自信を持ってください。君たちはずーっと日本語を使って生活してきたわけですから、今までの**体験が君たちの力になっている**んですよ。

「助詞と助動詞」の問題は次ページへ続くよ！

問題15 次の問題に答えなさい。

● 次の(1)〜(5)の①・②の文がほぼ同じ内容《ないよう》になるように、□の数だけひらがなを入れて、文を完成させなさい。

(1)

① 暗くなるまでに帰るつもりだ。

② 暗くなるまでに帰□□。

(2)

① 狐《きつね》の手を人間のものに変えることができる。

② 狐の手を人間のものに変□□□□。

(3)

① 帽子屋《ぼうしや》さん、ぼくの手をたぶんつかまえないだろう。

② 帽子屋さん、ぼくの手をたぶんつかまえ□□。

(4)

① 向こうにいるのはどうやらお母さんのようだ。

② 向こうにいるのはどうやらお母さん□□□。

(5)

①子狐の手はまるでもみじみたいにかわいい。

②子狐の手はまるでもみじの□□□かわいい。

(1)は「帰るつもりだ」を助動詞を使って言いかえればいいんだね。

「まだ帰ってないけれど、帰る気がある」、そういう意味ね。

「帰る気がある」かあ。「帰ろう」と思っているんだ。ん？

(2)は「変えることができる」を言いかえるのね。

あ、わかった。「変えれる」でしょう。

おしいですね。それは「らぬき言葉」といって、今のところまだ正しい日本語とはされていません。

(3)は「つかまえないだろう」を言いかえるの？ うーん、「つかまえないでしょう」かな？

前より長くなったじゃない。もっと短いのよ。

これは、今の人はあまり使わない言い方ですね。時代劇（げき）のセリフとか、おじいちゃんたちの会話には出てくるかもしれません。

(4)はわかった。「お母さんのようだ」は「お母さんみたい」になるよ。

そんな赤ちゃんのような言い方、おかしいわよ。

それじゃ、「お母さんだよね」かな？

ここは、「はっきりしないけれどお母さんだと思われる」という意味です。

(5)は、あれ？ なんだか今見たばかりのような……。

あら！ 今度はまぐれ当たり……。気づいたかしら？

 「助詞と助動詞」の問題は次ページへ続くよ！

助詞《じょし》と助動詞《じょどうし》 9

練習した日
月　日

さあ、助詞・助動詞のまとめの練習です。自分でその文にふさわしい助詞・助動詞を選んで、文の意味が通るようにしてください。

ヨシッ！　自信を持ってやるぞ！

文字を当てはめた後、必ず読み返してみるのがコツね。

どうしてそんなことするの？

もしまちがえていた場合、読み返してみると不自然なので、まちがいだとすぐわかるのです。

やりっぱなしはダメってことね。

問題16　次の問題に答えなさい。

● 次の文章の□にひらがなを入れて文章を完成させなさい。

母さん狐《ぎつね》は、心配し［ア　3字］、坊《ぼう》やの狐の帰って来る［イ　1字］を、今か今かとふるえながら待っていました［ウ　2字］、坊やが来ると、温《あたた》かい胸《むね》に抱《だ》きしめて泣きたいほどよろこびました。

二匹《ひき》の狐は森のほう［エ　1字］帰って行きました。月が出たので、狐の毛なみが銀色に光り、その足あとには、コバルトの影《かげ》がたまりました。

「母ちゃん、人間っ［オ　1字］ちっとも恐《こわ》かないや。」

「どうして？」

「坊、間違《まちが》えてほんとうのお手々出しちゃったの。でも帽子屋《ぼうしや》さん、つかまえやしなかったもの。ちゃんとこんないい暖《あたた》かい手袋くれたもの。」と言って手袋《てぶくろ》のはまった両手カ 1字 パンパンやって見せ キ 2字 た。
母さん狐は、「まあ！」とあきれました。ク 1字 が、「ほんとう ケ 1字 人間はいいものかしら。ほんとうに人間はいいものかしら。」とつぶやきました。

ア

イ

ウ

エ

オ

カ

キ

ク

ケ

いよいよ最後の問題です。少しですが、読解の練習をしてみましょう。

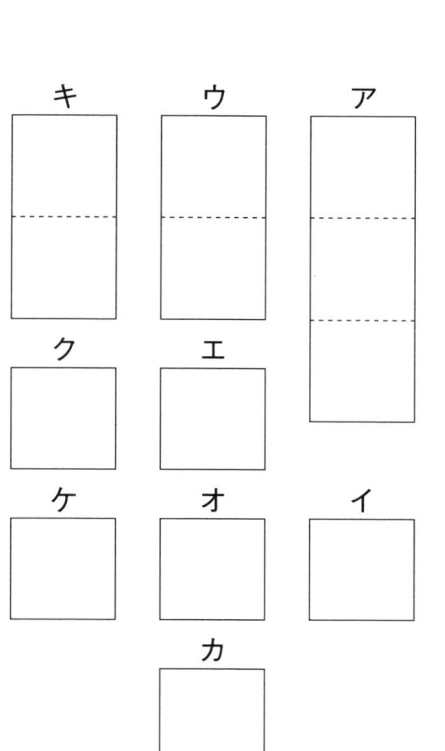

問題17 次の問題に答えなさい。

● 次の——線を引いた部分は、すべて風景描写《びょうしゃ》です。どんなようすを表したものか、頭に思いうかべてください。
このうち一つだけ、異《こと》なるようすをえがいたものがあります。番号で答えなさい。

① 子ども狐《きつね》は、町の灯《ひ》を目あてに、雪あかりの野原をよちよちやって行きました。初めのうちは一つきりだった明かりが二つになり三つになり、はては十にもふえました。狐の子どもはそれを見て、明かりには、星と同じように、赤いのや黄色いのや青いのがあるんだなと思いました。

② やがて町にはいりましたが通りの家々はもうみんな戸を閉《し》めてしまって、高い窓《まど》から暖《あたた》かそうな光が、道の雪の上に落ちてい

「助詞と助動詞」の問題は次ページへ続くよ！

るばかりでした。

③「今晩《こんばん》は。」

すると、中では何かことこと音がしていましたが、やがて、戸が一寸《いっすん》ほどゴロリとあいて、光の帯《おび》が道の白い雪の上に長く伸《の》びました。

④母さん狐は、心配しながら、坊《ぼう》やの狐の帰って来るのを、今か今かとふるえながら待っていましたので、坊やが来ると、温《あたた》かい胸《むね》に抱《だ》きしめて泣きたいほどよろこびました。

二匹《ひき》の狐は森のほうへ帰って行きました。

月が出たので、狐の毛なみが銀色に光り、その足あとには、コバルトの影《かげ》がたまりました。

この――線部、アニメにしたら、きっときれいなシーンになるわよ。

そうか、「どんなようすを表したものか、頭に思いうかべてください。」っていうのは、「もしこのお話がアニメになったらどうなるかなあ」って考えればいいんだね。

アニメの好きな人はアニメ、映画が好きなら映画、絵本が好きなら絵本で、この場面をえがくとどうなるだろうと想像（そうぞう）してみるといいですね。

このお話はぜったいアニメよ。だって狐の子がおつかいするなんて、かわいいんだもん。

④の――線部はアニメになるのかな？

うーん……。

さて、これまで「基礎（きそ）国語力」の前編（ぜんぺん）として「主語と述語」「言葉のつながり」「文の構造」「文の要点」「助詞と助動詞」について練習してきました。

こんなふうにお話を読みながら日本語の練習をするのって、楽しいし、よくわかるね。

ところで、どのくらいの日本語力がついたのかしら。

日本語の森は広く、とても深いものです。でも君たちは初めて、確実（かくじつ）に一歩ふみ出しました。ここで練習したことは、これから永遠（えいえん）に役に立つものです。そして、ここでの練習が、次のステップの練習に役立つのです。

まだまだこれからなんだね。

そうです。でも今までなかった力が、確実に身についています。自信を持ってください。そしてトレーニングを続けてください。

この次のトレーニングは、どんなものなの？

ステップ6からは「基礎国語力」の後編です。「要点」「正確な文を書く」「接続語（せつぞくご）と指示語（しじご）」「総合演習（そうごうえんしゅう）」を練習します。

むずかしくなるの？

だんだんステップアップしていきますが、君たちならだいじょうぶ。ふだんから日本語で生活し、しかもここで日本語の基礎を練習しているのですから。

よおし、がんばるぞ！

〈著者プロフィール〉

出口 汪（でぐち・ひろし）

1955年東京都生まれ。20年以上にわたって受験生たちの熱い支持を受け続けている、大学受験現代文の元祖カリスマ講師。日本語の「論理」を正しく見きわめる彼の方法はだれにもわかりやすく、さまざまな学習に応用できる。そのため、出口の講義を受けて初めて勉強に目覚め、偏差値が20も30も一気に上がる受講生が珍しくない。

全国の学校・塾で採用され、めざましい効果をあげている言語トレーニングシステム「論理エンジン」の開発者として、その解説と普及に今日も全国を飛び回っている。

本書はその「論理エンジン」の考え方を元に、プロ家庭教師の指導アイディアと対話式教授法を加味して作成されている。

本文イラスト・装幀	設樂みな子
表紙フェルト画	遠藤夏来
編集協力	家庭教師のトライ
	市原久美子
	阿部美保子（吉野工房）
本文ＤＴＰ	藤田ひかる（吉野工房）
編　　集	堀井　寧

出口汪の
新日本語トレーニング１　基礎国語力編（上）

2007年３月20日　第１版　第１刷発行　　2014年８月27日　第１版　第15刷発行

著　者　出口　汪　　印刷所　三晃印刷株式会社
発行者　伊藤　護　　製本所　株式会社難波製本
発行所　株式会社　小学館
〒101-8001　　電話〈編集〉03-3230-5689
東京都千代田区一ツ橋2-3-1　　〈販売〉03-5281-3555

ISBN978-4-09-837702-2

出口汪《ひろし》の 新 日本語トレーニング

基礎国語力編（上）
ステップ1〜5
正しく読むための練習

出口汪／著

答えとくわしい考え方

小学館

大人のかたへの前書き

私たちは生涯、日本語を使ってものを考え続けます。それゆえ、子どものころに正しい言葉の使い方を習得することは、一生の財産になります。

これからの時代は、詰め込み学習ではなく、論理的に考える能力が要求されます。英語、数学、国語、理科、社会と、子どもたちが今後学習する上で、考える力、論理力は欠かせない能力となるのです。

逆に、論理力のない子どもは、どの科目を学習するにも苦労をし、結局訳も分からずに膨大な知識を詰め込むしか方法がありません。

その結果、勉強の嫌いな人間に育ってしまいます。

考える力はそれほど大切なものなのです。

ところが、これまで論理力を養成する本格的な学習方法が、どこにもありませんでした。

論理とは、日本語の正しい扱い方によるものです。

日本語を感覚的に、あるいは漠然と使っていては、論理的思考など机上のものでしかありません。

そこで、論理力を養成するためには、日本語の力を身につけなくてはなりません。

では、どうしたら、子どもたちは、正しい日本語を身につけることができるのでしょうか？

日本語によって、論理的に考えることができるのでしょうか？

ここに一つの問題があります。

これまでとられてきた方法は、おおかた次の三つでした。

① 読書指導

② 声を出して読んだり、暗唱すること

③ 漢字・語句の記憶

これらの方法は、どれもそれなりに効果があります。でも、これだけでは効果は限定的であり、やはり考える力を養成することはできません。

たとえば、「美しい日本語」を身につけること。それにはいい文章を声を出して読み、暗唱することです。

たしかに、日本語の語感をある程度身につけることはできるでしょうが、理解していないものをどれほど朗読しても、結局は曖昧《あいまい》なままで、論理的な思考につながるわけではありません。

名句や名文を毎日唱えても確かにそのリズムは体得できますが、理解していない限り論理的思考が養成されるわけではないのと同じことです。

ましてや、「美しい日本語」は大人が決めつけ、強制するものではありません。それこそ自由な想像力と柔軟な感性を奪うことになりかねません。

では、どうすればいいのでしょうか？

良い文章を理解することです。人間は文章を理解すれば、自然とそれについて考えることを始めます。

そこから、すべてが始まるのです。理解していればこそ、子どもたちはその良さが分かり、自分自身の力で「美しい日本語」をかぎ分けることができるようになるのです。そして、そこから、日本語の美しさと使い方を学び取っていくのです。

漢字・語句の記憶も、大切な作業です。

でも、実際、子どもたちがとまどうのは、言葉の使い方なのです。一つ一つの言葉がどのような使われ方をするのか、それはただ記憶するだけでは習得できません。

大学受験問題から一例を挙げましょう。文中に設定された空所を埋める問題で、選択肢に「伝統」と「反動」があるとします。

「伝統」とは古くていいものが今に引き継がれることで、プラスのイメージしか持たない言葉です。「伝統芸術」「伝統を守れ」「伝統校」などの使われ方からも明らかです。

それに対して、「反動」は新しい流れに対して、意地でも逆らおうとする動きのことで、マイナスのイメージしか持っていません。「反動主義」「反動家」「反動的」など、相手を批判的にいう場合に使います。

ところが、私が知る限り、難関大学の受験生でも、七、八割がこの二つの使い分けができません。驚くべきことですが、考えてみれば、漢字の暗記学習をいくら繰り返しても、生きた言葉は学べないわけです。

最後に、読書指導ですが、読書することは無条件で大切なことだと思います。

でも、どれほど多くの本を読んでも、日本語の力がなければ、努力した半分も必要なものを吸収することはできません。

せっかくすばらしい本に出会っても、これではあまりにももったいないでしょう。

日本語の力をつけ、理解力をつけ、その上で大いに読書に励むことです。

それともう一つ。

いくら読書をしても、実は受験にはほとんど役に立ちません。意外と、多くの受験生の親がこのことを誤解しているのです。

子どもたちに一度聞いてみてください。

本を読んで、どのような感想を抱いたのか？

たぶん、「面白かった」、「つまらなかった」、あるいはどこかの首相のように、「感動した」というだけではないでしょうか？

漠然としたイメージでしか捉えていないので、それでは人に正確に説明することはできません。

国語の問題は基本的に、書いてある内容を理解して、説明せよというものです。それには、文章を論理的に読むことが必須の条件となっていきます。

どうでしょうか？

確かに、美しい文章を声を出して読んだり、暗唱したり、漢字や語句を記憶したり、読書を強要したり、そのどれもが大切ですが、それだけでは子どもたちの国語力を養成することができないということは、少し冷静になって考えれば自明のことと思われます。

そこで、「日本語トレーニング」が必要となってくるのです。

この「日本語トレーニング」は一見、他の国語ドリル類と大きな差がないように見えるかも知れません。ところが、「論理」の習得という、今までに類のない独自の仕掛けが詰まっています。このプリント集を利用することで、子どもたちは無理なく日本語の使い方を知り、論理力を養成するきっかけをつかみます。

その上で、「美しい日本語」をかぎ分けることもでき、本を読むことも楽しくなるのです。そして、頭の使い方が変わり、勉強の仕方まで変化していきます。

本書は、主に小学四年生以上を対象にしていますが、基本的には無学年・全年齢向けです。大人の人たちが取り組んでも、十分新鮮であり、それなりの効果があるはずです。

そのために、以下のような工夫をしました。

①　すばらしい日本語にふれることができるよう、日本の名文を取り上げていきます。できるだけ、教科書にも採用されている文章を選びましたので、学校の国語の時間も楽しくなると思います。

②　すばらしい文章を読む中で、自然に言葉の使い方を知り、論理的な力を養成していきます。言葉の規則、文法力も、その中で養成されていくことでしょう。

③　ステップ1からステップ30にかけて、しだいに文章のレベルが上がっていきます。少しずつ大切なことを系統立てて習得していきますので、できるだけステップ1から順番に取り組んでください。

本書により、子どもたちが少しでも、日本語のすばらしさを知り、言葉を縦横無尽に使いこなし、考えることの面白さに気づき、軽やかにそれぞれの受験という壁を乗り越えてくれるものと信じています。

出口　汪

ステップ1の答えとくわしい考え方

【問題1】　ひろいました。

述語をさがす問題です。日本語の場合、述語は文の末尾にあることが多いので、さがしやすいでしょう。また、よく省かれることの多い主語とくらべて、あまり省かれることはなく、安定しています。文を読むときは、つねに述語に注目するようにしましょう。

【問題2】

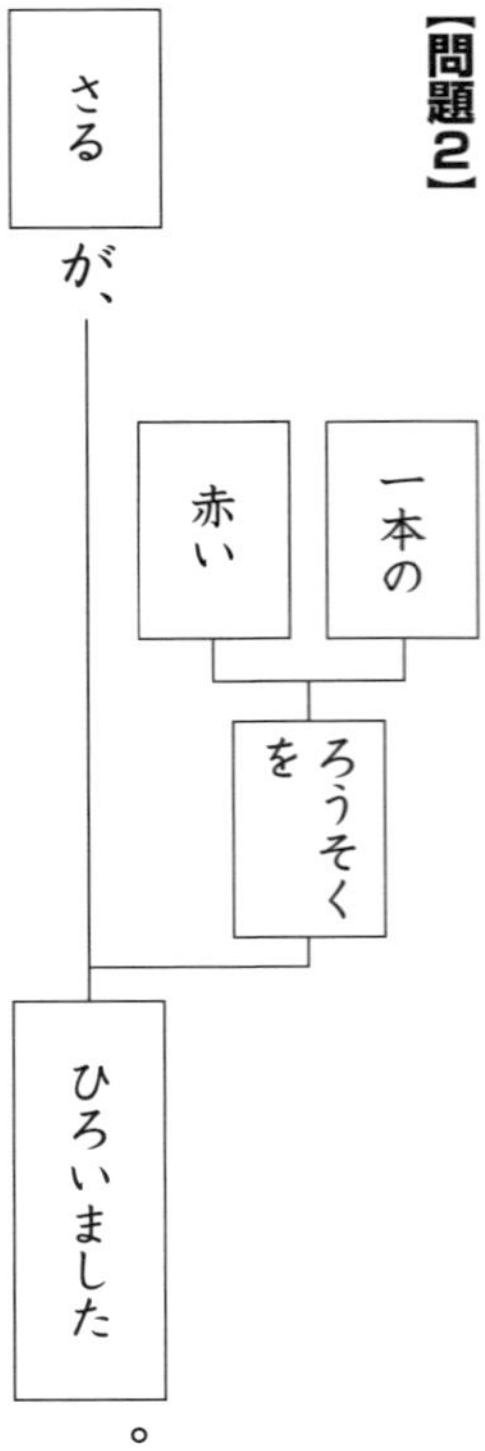

さる
が、
一本の
赤い
ろうそく
を
ひろいました
。

どのような「ろうそく」かを説明する言葉「一本の」と「赤い」とが、並列（へいれつ）の関係にあることを図で確認（かくにん）できればよいでしょう。このように文の関係を図式化することは、文の読解（どっかい）に便利です。図式化にもさまざまな方法がありますが、しばらくは文節を単位とした単純（たんじゅん）な図式を練習します。

【問題3】　①　美しい。　②　きれいだ。

単文の述語を取り出す、基本的（きほんてき）な問題です。述語は主語を説明する言葉で、文末に来ることが多い、言い切りの形が多いということなどを目安にさがします。

【問題4】　花火だ

これも述語を**取り出す**のと同時に、主語と述語だけの文を作る問題です。文は主語と述語だけでも、成り立ちます。また、動詞、形容詞（けいようし）などの用言が述語になりますが、このほか、助動詞がつけば名詞も述語になります。

【問題5】

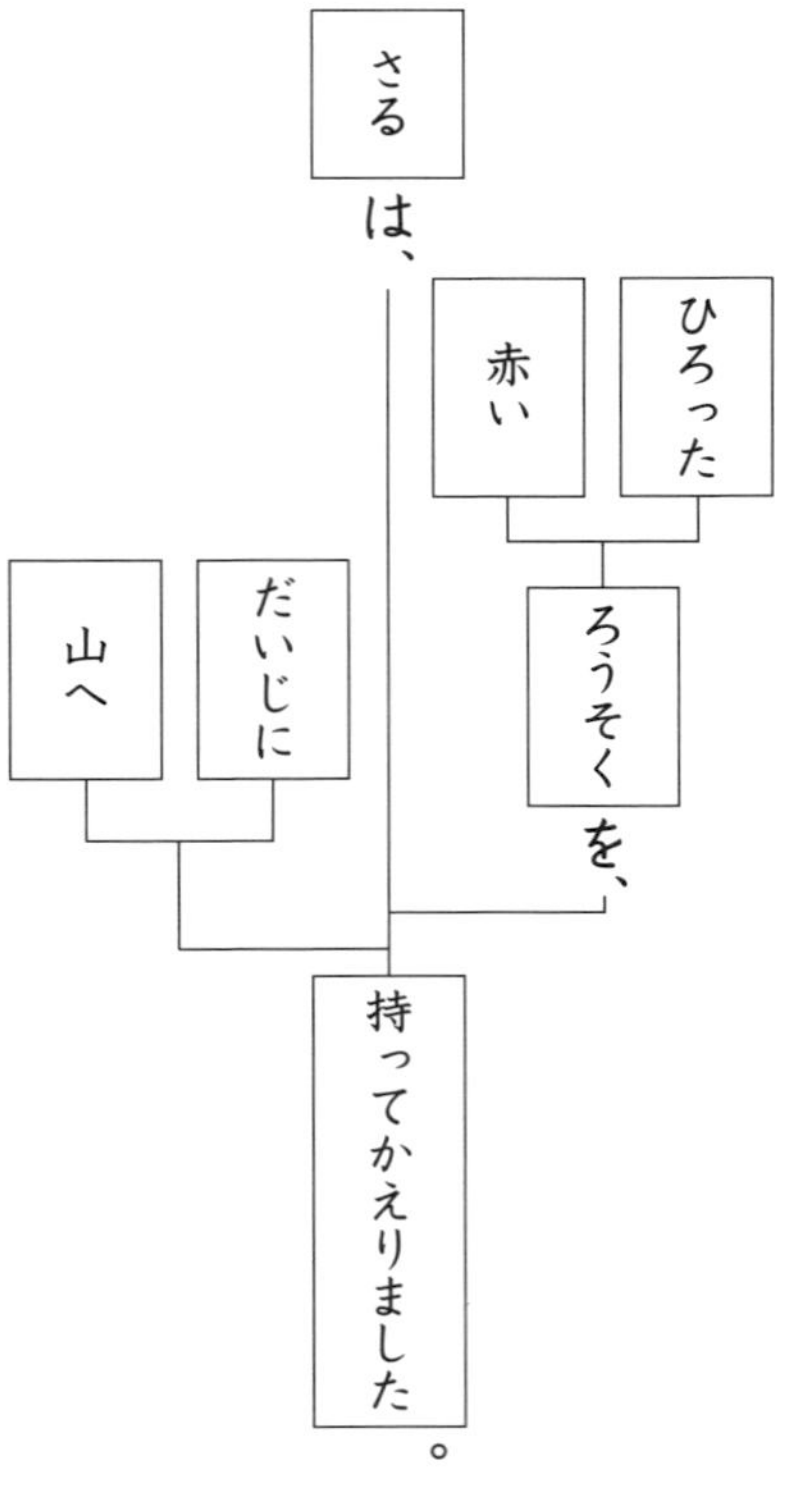

さる
は、
ひろった
赤い
ろうそく
を、
だいじに
山へ
持ってかえりました
。

この文の中心になるのは「さるは」「持ってかえりました。」です。「ひろった」と「赤い」は両方とも「ろうそく」の説明、「ろうそくを」「だいじに」「山へ」は「持ってかえりました」の説明であることがわかります。文の理解（りかい）の最初は、中心をつかむこと、その次に何が何を説明しているのかをつかむことが必要になります。

【問題6】 **さるが**

主語をさがす作業とよくにていますが、動詞からその動作の主をさがす問題です。主語の見えない文が大半の古文などにも、広く応用（おうよう）のできる文のつかみ方です。

【問題7】 **さる**

述語のある一文の中に見えない主語を、その前の文脈からさがす問題です。問題6と同じく、動詞の動作の主をさがす作業でもあります。主語の見えない文は、このようにして必ず主語を確認するようにすると、確実な読解に近づきます。

【問題8】 ① 主語 **×** 述語 **なりました。**
② 主語 **×（だれも）** 述語 **ありません。**
③ 主語 **さるが** 述語 **（ひろって）きました。**

述語となる動詞の、動作の主を考えれば主語がわかります。問題文に「それぞれぬき出しなさい」とあるので、文脈から類推（るいすい）する問題ではありません。①②ともに、動作の主は山の動物たちです。②の場合、「だれも」を主語と見る考え方もあります。

【問題9】 ① ア **花火が** イ **花火が** ウ **×**
② ア **×** イ **みんなが**
③ ア **みんなは**

①ここで言う「主語」も動作の主です。聞かせたのはさるなので、文の中にないから×です。

②「うつくしい」のは花火ですが、文中にありません。「見たい」と思ったのは山の動物たちです。それは後にある「みんな」と同じなので、これを主語とします。

③も②と同じ考え方です。

【問題10】 ① **エ** ② **イ**

主語・述語とは言葉のつながりです。このステップでは、言葉の中からつながりを見つける練習をしました。次のステップでは言葉のつながりへの認識（にんしき）をさらに深めていきます。これまでの練習とは逆（ぎゃく）に、つながりから言葉を選ぶ練習をします。

ステップ2の答えとくわしい考え方

【問題1】 ① **車**　② **大きな**　③ **やって来る**
④ **問題**　⑤ **むずかしい**

これらはふつう修飾語（しゅうしょくご）と言っていますが、このトレーニングではなるべく文法用語を使わないようにしています。日本語文法にはさまざまな見方があります。しかしここは文法知識（ちしき）を身につけるためではなく、言葉の「つながり」や「筋道（すじみち）」を中心に論理（ろんり）になれていくためのトレーニングをします。また、つながり方も、初歩のこの段階では文節単位にかぎってとらえるようにしています。

【問題2】 ① **たたいています。**　② **雨が**　③ **やると**
④ **帰ってくる**　⑤ **歌い始めた。**

独立語（どくりつご）以外、言葉は必ずどこかにつながっていることを意識してください。独立語とは感動「ああ」、呼びかけ「ねえ」、応答「はい」など、他の文節と直接つながらない文節です。また練習のために、ここではあえてすわりの悪い文を取り上げています。どのようにすればもっとわかりやすい文になるか、についても考えてみてください。

【問題3】 ① ア　**おどらせて、・やっていきました。**
イ　**やっていきました。**
② ア　**くくりつけて、**　イ　**くるのを**

①は一つの主語に対し、二つ以上の述語がある文です。「みんなは、—おどらせて、—やっていきました。」が文の中心です。どこに「やっていきました」かといえば、「てっぺんに」、どこの「てっぺんに」かといえば「山の」とつながります。

②は「さるは—くくりつけて、—まっていました。」が主語・述語の関係です。「もう」は「くくりつけ」たことへの説明です。「みんなの—くるのを」で、文の中の小さな主語・述語になっています。

【問題4】

①

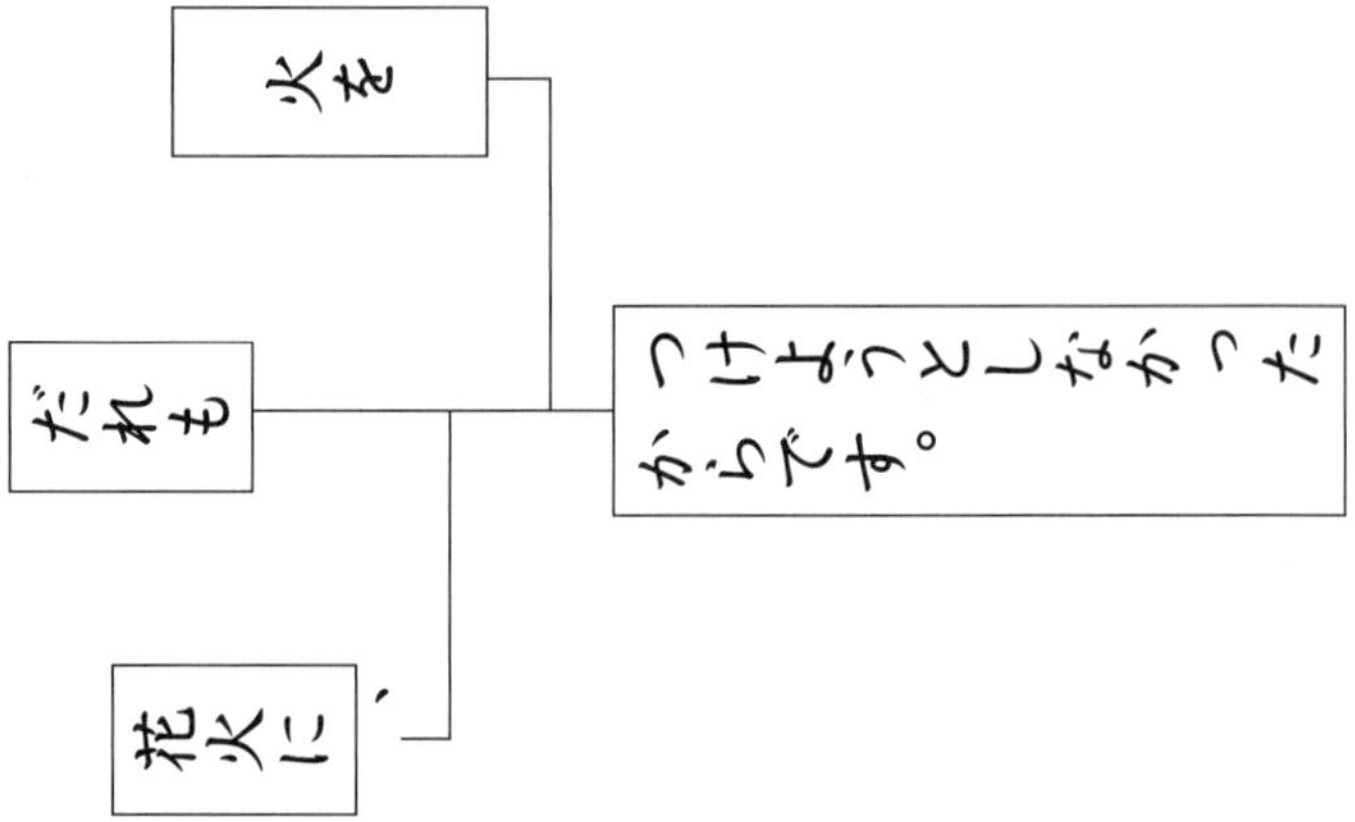

② あ **くじを** い **ひいて** う **火を** え **つけに**
お **いく** か **ものを**

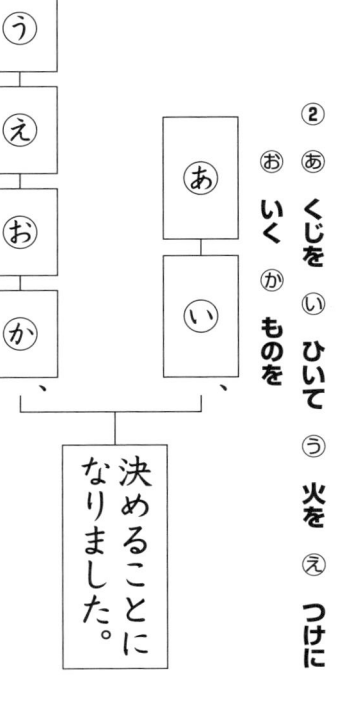

あ ― い 、 ― 決めることになりました。
う ― え ― お ― か 、 ―

文中の言葉のつながりの構造（こうぞう）を、述語を中心にとらえた図です。述語へと言葉がどうつながっているかを、このように図の中でとらえて視覚的（しかくてき）に確認（かくにん）します。長い述語になっていますが、このまとまりで見たほうが練習しやすいので、ひとまとめにして「述部」としました。言葉のつながりを見るとき、文節にこだわる必要は特にありません。

【問題5】

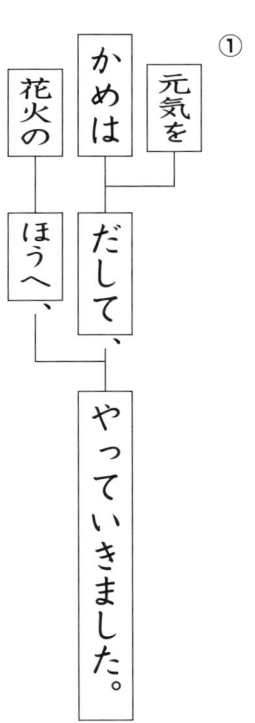

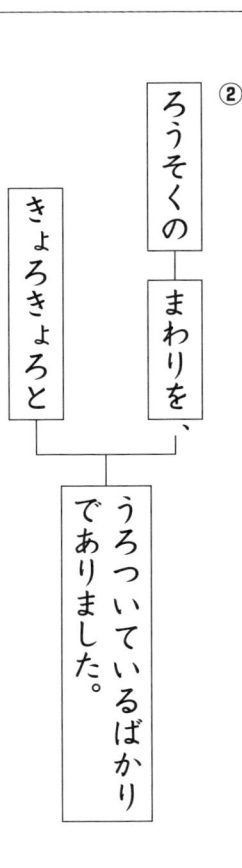

①

元気を ― かめは ― だして、 ―
花火の ― ほうへ、 ― やっていきました。

②

ろうそくの ― まわりを、 ―
きょろきょろと ― うろついているばかりでありました。

①の「元気を」は述語「だして、」に、「花火の―ほうへ」はまとめて述語「やっていきました。」につながります。

②はすべてが述語につながっていますが、二つの方向からつながっていることを見てください。

【問題6】

① **くびが（「ひとりでに」の上）**

この文の述語は「くると、」「ひっこんでしまって、」「でてこなかったのであります。」の三つ。そのうち「かめは」を主語とする述語は「くると、」だけで、残り二つの主語は「くびが」です。「くびが」の位置を変えないと、「くびが―くると、」というおかしな主語・述語のつながりができてしまいます。

【問題7】

① **いたちはかめより、いくぶんましでした。**

② **ろうそくのまわりを、きょろきょろとうろついているばかりでありました。**

①は主語を先頭に述語を最後尾に置くという基本的な文型です。

②は述部を文節に分けてあるのが少々ふくざつになっているだけで、基本的（きほんてき）には「ろうそくのまわりを、」

「きょろきょろと」という二つが一つの述部につながっている構造（こうぞう）です。

【問題8】 **から（ため）**

「というのは、……からであります」という対応（たいおう）関係が見つけられるかがポイントです。問題文に「なぜ……か」とあったら「……ので」「……だから」と答えるように、日常でも理由（りゆう）を伝えるときに使う表現（ひょうげん）であることを確認（かくにん）しましょう。

【問題9】 ① **まるで**　② **まい**　③ **もし**　④ **ても**
⑤ **まさか**　⑥ **な**　⑦ **しない**

文中で、ある言葉に特定の語句（ごく）が規則的（きそくてき）に表れることを「呼応（こおう）」といいます。ここに取り上げられている以外にも数多くありますので、機会があったら注意してさがしてみてください。

【問題10】

(1) 主語　**ろうそくは**
述語　**いわず・もえているばかりでした**

(2)

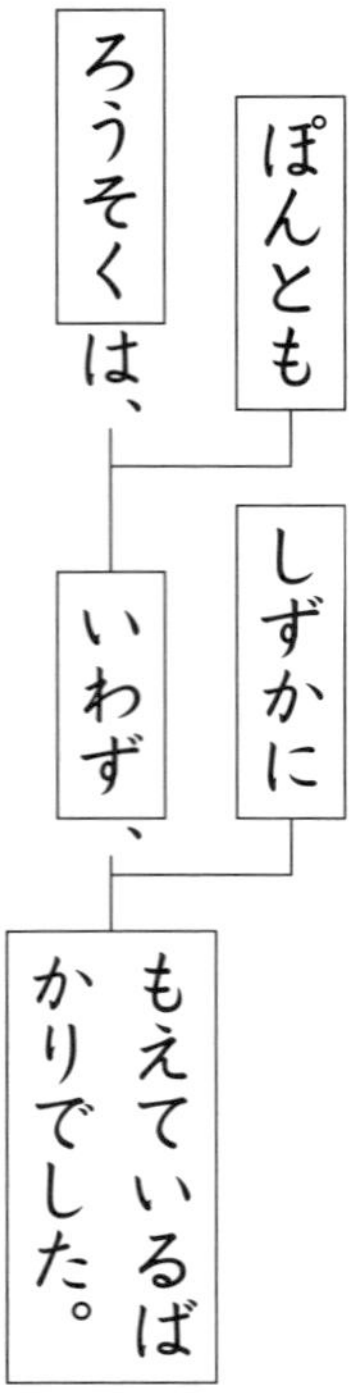

主語「ろうそくは」、述語「いわず、」「もえているばかりでした」を中心に、そのほかの言葉がどのようにこの中心につながっていくかを考えます。この図の形以外にも、文の構造を表すさまざまな方式があります。しかしここでは主語・述語を中心に、独自（どくじ）のやりかたで、文の構造をしめしています。あまり形式にとらわれず、「言葉は必ずどこかにつながっている」ということのほうを意識（いしき）するようにしてください。

ステップ3の答えとくわしい考え方

【問題1】

(1) ① **寒い** ② **北方から** ③ **狐の** ④ **親子の** ⑤ **住んでいる** ⑥ **森へも** ⑦ **やって来ました**

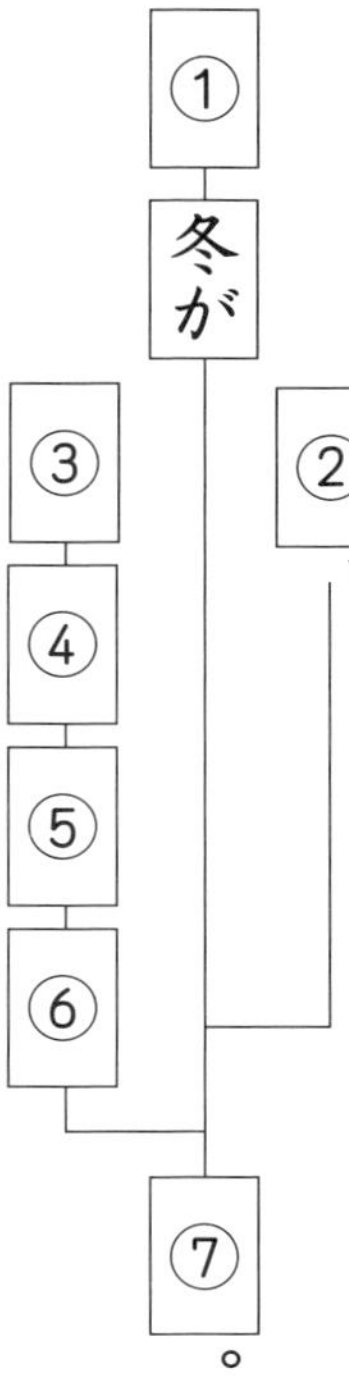

①
冬が
②、
③
④
⑤
⑥
⑦。

文の構造（こうぞう）を図で表すには、さまざまな方法があります。ここでは「主語・述語を文の中心とする」「主語を説明する言葉がある」「述語を説明する言葉がある」という三点をもとに図解（ずかい）しています。

(2) 主語　**冬が**　述語　**やって来ました**

「春が来る」「冬来たりなば春遠からじ」など、季節名は自分の意思で動作しているように表現（ひょうげん）されることの多い名詞です。ここは童話なので「やって来る」と、いっそう人間の動作らしい擬人法が用いられています。

(3) **擬人（ぎじん）**

【問題2】

(1) ① **母さん狐がびっくりしました。**
② **母さん狐があわてふためきました。**
③ **母さん狐が目をおさえている子どもの手をおそるおそるとりのけて見ました。**
④ **何も刺さってはいませんでした。**

(2) **何も刺さってはいませんでした。**

長い文も、主語・述語の組み合わせによって、このように分解することができます。④の主語は前の子狐の「何か刺さった。」を受けていますので、「何かは刺さってはいませんでした。」でも正解とします。

【問題3】

①

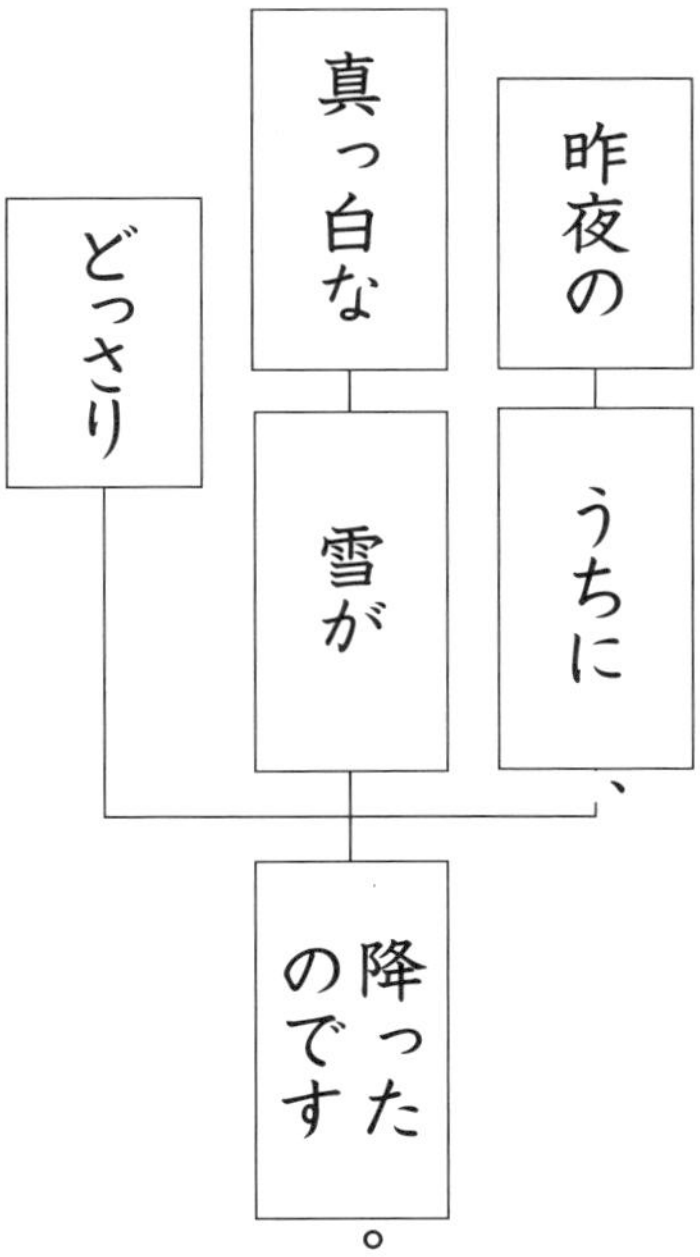

昨夜の
うちに、
真っ白な
雪が
どっさり
降ったのです。

主語と述語が決定したら、それ以外の言葉がどこにつながっているかを確認（かくにん）します。

② (あ) **雪を** (い) **知らなかった** (う) **子どもの**
(え) **あまり** (お) **強い** (か) **反射を** (き) **うけたので**
(く) **目に** (け) **何か** (こ) **刺さったと**

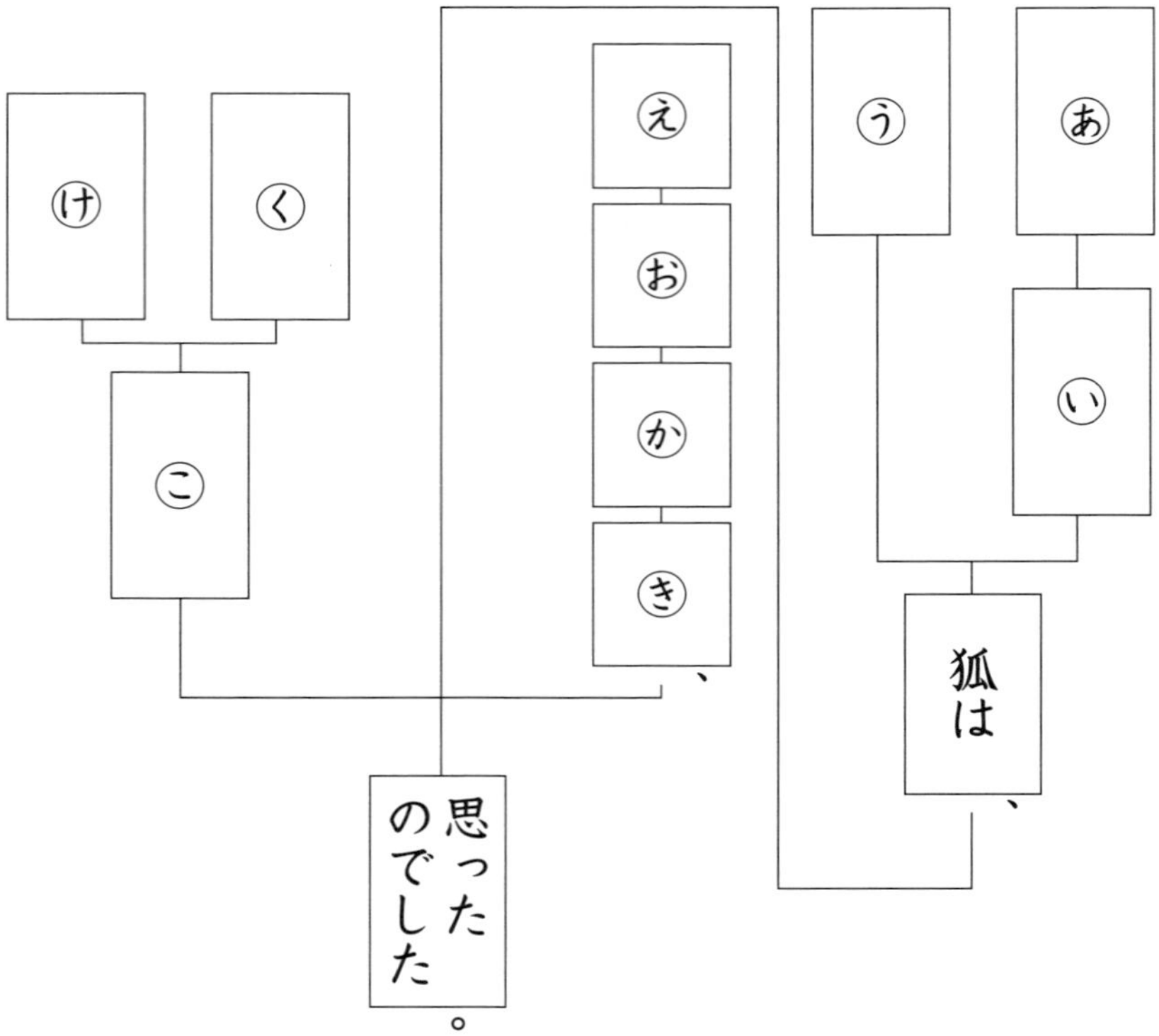
あ
い
う
狐は、
え
お
か
き、
け
く
こ
思ったのでした。

主語と述語それぞれを説明している言葉を整理して、□におさめます。説明する言葉のグループをしっかり確認しましょう。

【問題4】 **① ウ　② ア　③ エ　④ イ**

それぞれの主語と述語を説明している言葉のつながりの形から、文の構造を見ていく問題です。それぞれの文の構造は、ここでのやり方では次のようになります。

ア

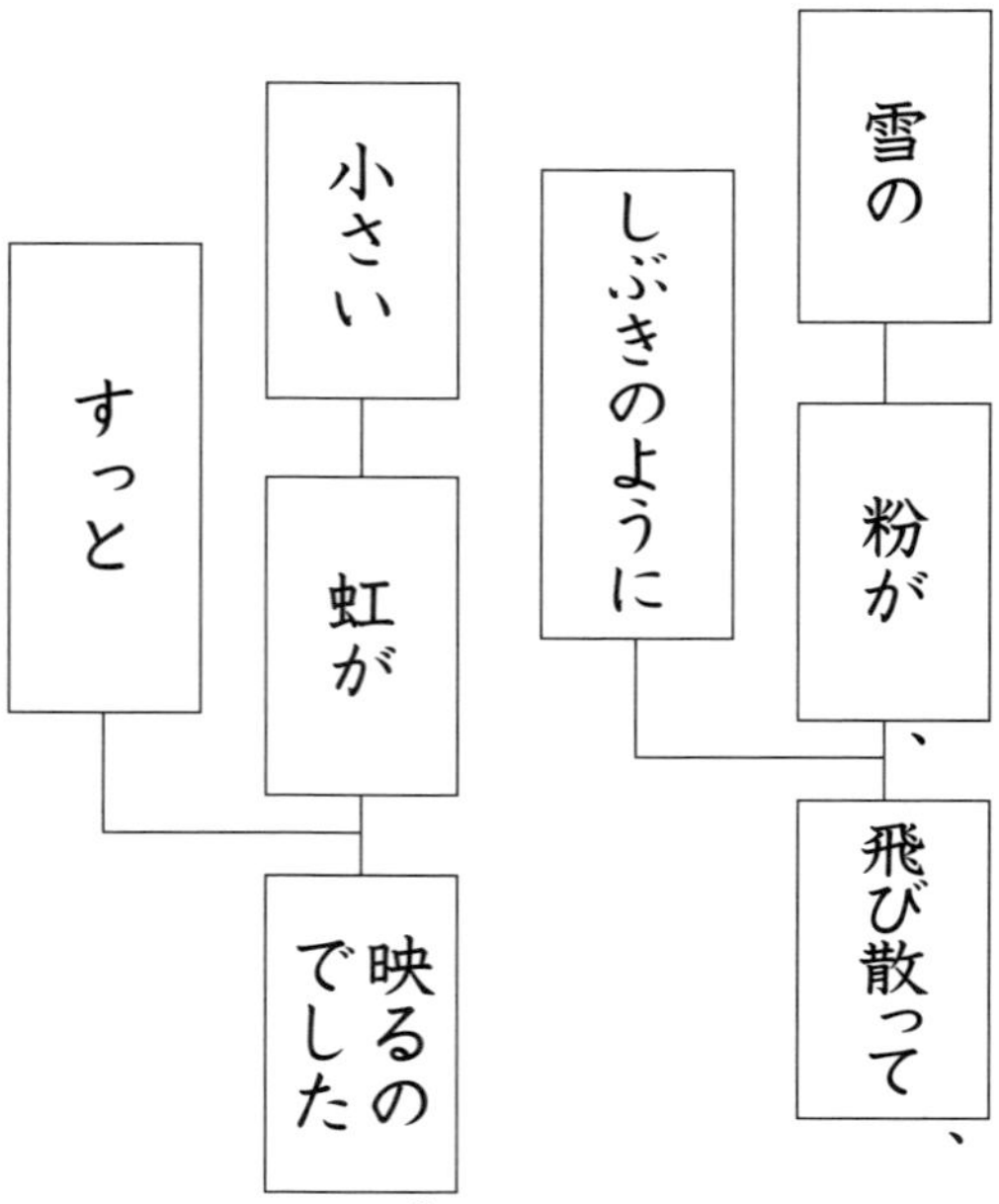
雪の
粉が、
しぶきのように
飛び散って、
小さい
虹が
すっと
映るのでした。

イ

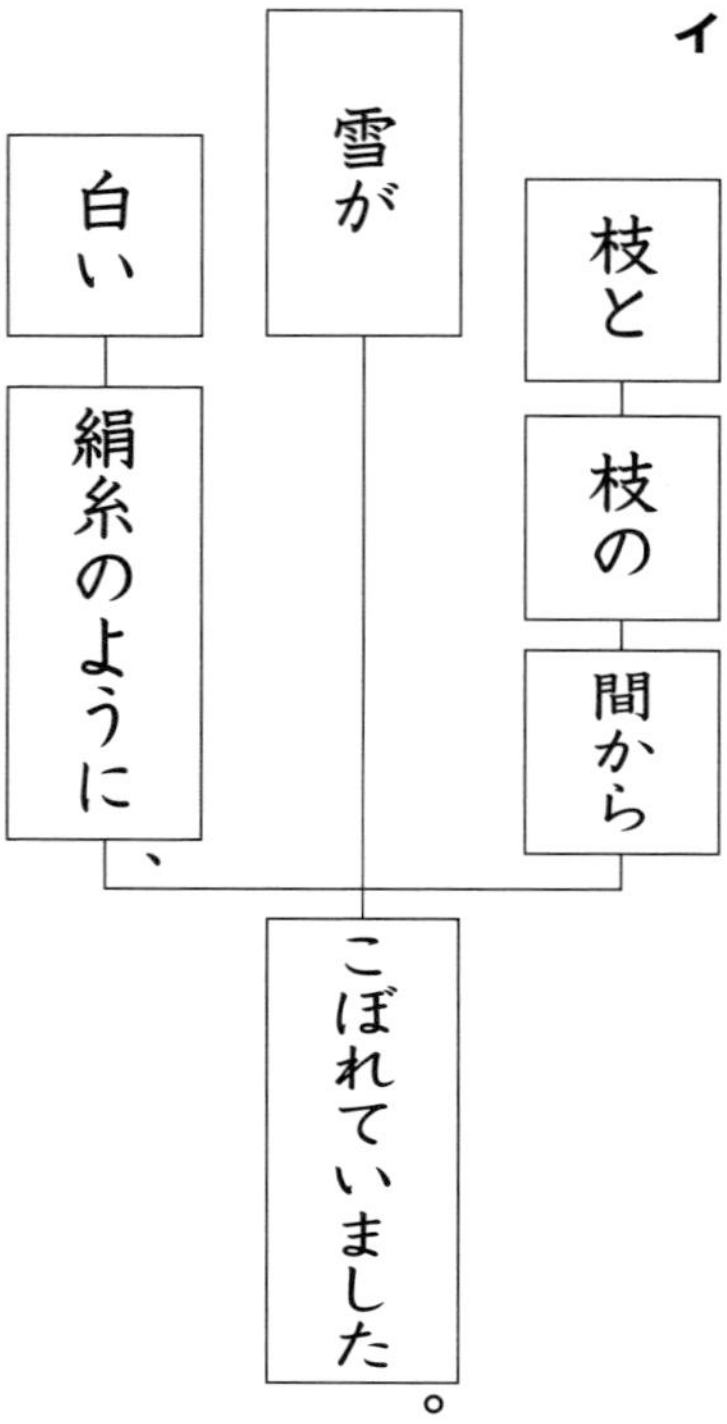
枝と
枝の
間から
雪が
白い
絹糸のように、
こぼれていました。

ウ

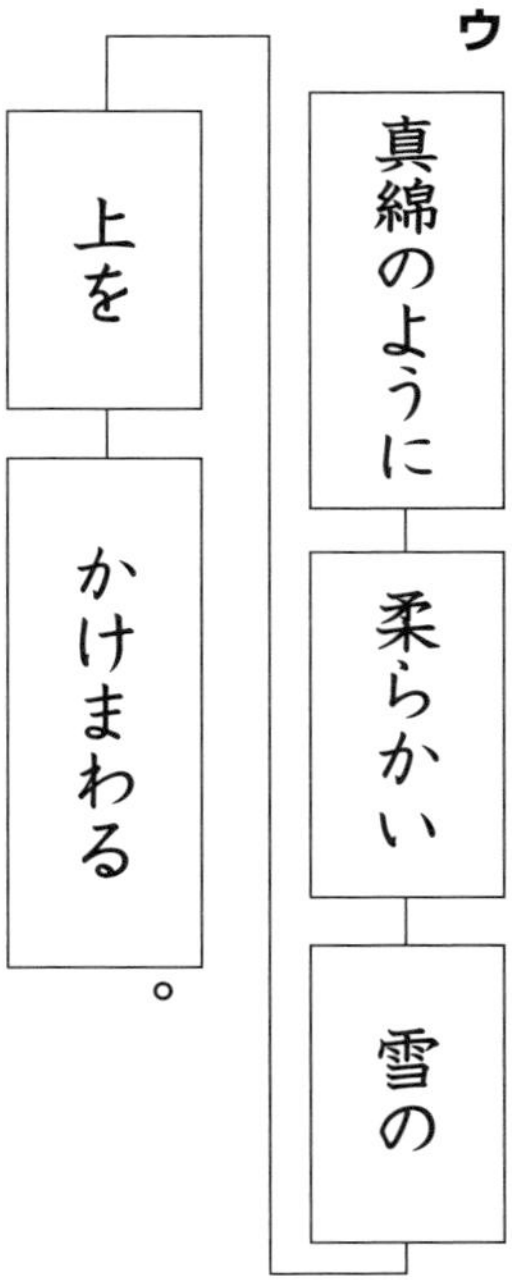
真綿のように
柔らかい
雪の
上を
かけまわる。

エ

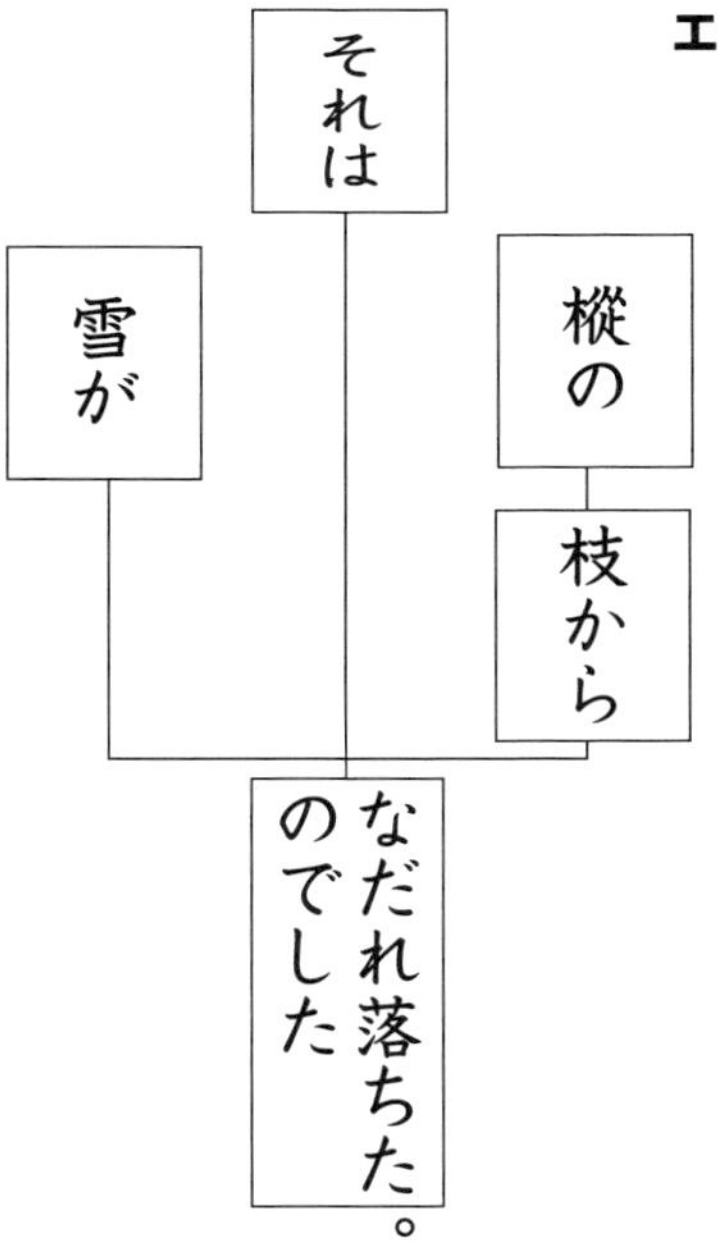
それは
樅の
枝から
雪が
なだれ落ちた。のでした

【問題5】

⑴ **ものすごい音がして　粉雪**

初めての記述問題です。この後の三人の会話をヒントに、記述問題の答え方になれましょう。

⑵ **何かいる**

「何だろうと思ってふり返って見ましたが、何もいませんでした。」の「何もいませんでした」から、「何かいる」と思ったことがわかります。子狐は「何だろう」とも思っていますが、それでは答えの文の「子狐はてっきり……」に合いません。

⑶ **もみの枝　雪**

答えは、——線部のすぐ次に書いてあります。このように、——線部の前後に注目することは、どんな読解（どっかい）問題にも共通する、基本（きほん）です。

【問題6】

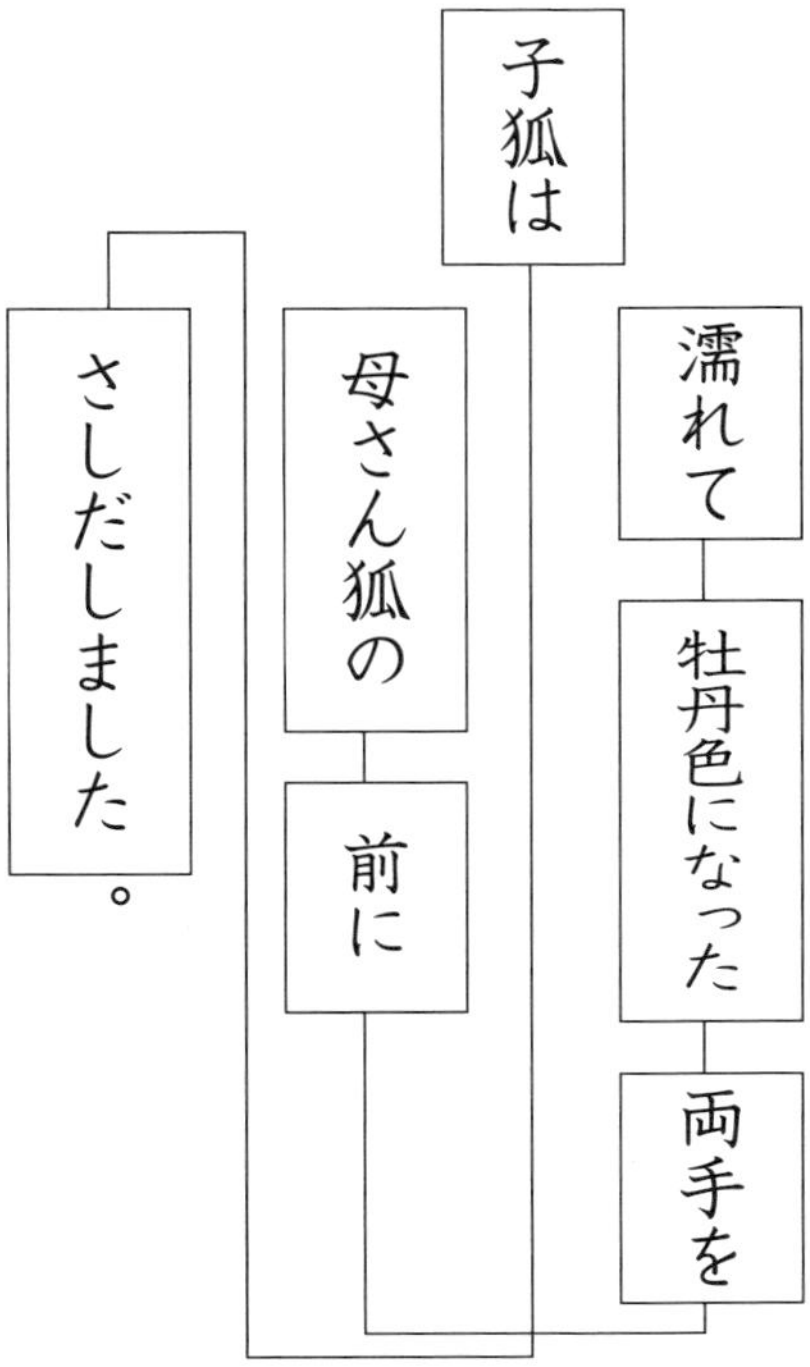
子狐は
濡れて
牡丹色になった
両手を
母さん狐の
前に
さしだしました。

文の構造（こうぞう）の完成問題です。初めての文を読むとき、すらすら読めないとき、行きづまったときには、このように文の構造を意識（いしき）して読むことが大切です。

【問題7】 **子狐は濡れて牡丹色になった両手を母さん狐の前にさしだしました。**

文の構造がわかれば、バラバラになった言葉をもとの文にもどすことができます。三人の会話にもあるように、「子狐は母さん狐の前に濡れて牡丹色になった両手をさしだしました。」でも正解です。

【問題8】

(1)　冷たくなった手が、母さん狐が息をふきかけ、手を包みこむことによって、もとの暖かさにもどったから。

（解答例）

答えに少しなやむ問題かもしれません。おさない子と母の会話ですので、大人どうしの会話とはちがいます。「冷たい」と言わずに「すぐ暖かくなる」と言い聞かせるような会話ともとれます。

(2)　冷たく　暖かさ

(1)のヒントです。このように論理的（ろんりてき）な筋道（すじみち）を確実（かくじつ）におさえて正解をみちびきましょう。

【問題9】

(1)　母さん狐は

(2)　ふきかけて・包んでやりながら・言いましたが・思いました

「　」の中の会話に「母さん狐は」を主語とする述語がないことは当然です。同様に「かわいい坊やの手にしもやけができてはかわいそうだから、夜になったら、町まで行って、坊やのお手々にあうような毛糸の手袋を買ってやろう」も「　」に入れることができます。

【問題10】

①　子狐の手に息をふきかける。

②　母さん狐は子狐に、「もうすぐ暖かくなるよ、雪にさわると、すぐ暖かくなるもんだよ。」と言いました。

③　かわいい坊やの手にしもやけができてはかわいそう。

助詞にはそれぞれさまざまな使われ方があります。他の助詞に置きかえると、意味が通じなくなります。他の助詞と入れかえても意味が通じる場合もあります（例「私は田中です」と「私が田中です」など）が、この場合も意味や使う場面が変わっています。どこがどうちがうか、考えてみるとおもしろいでしょう。

ステップ４の答えとくわしい考え方

【問題１】 (1) **影（かげ）**

たとえるものとたとえられるものが「ような」で直接（ちょくせつ）結ばれています。風呂敷と影が「広い」「何でも包みこむ」というような共通の内容（ないよう）を持つものとしてとらえられています。

(2) **夜・雪**

「影が雪を包む」と考えることができると思われるかもしれませんが、文の主語・述語から要点をしぼりこむと、「夜が━包みにやって来ましたが、雪は━白く浮かびあがっていました。」となるので、包んだのは夜です。

(3) **雪（雪は）**

この文は主語と述語が二組あります。文の最後にある述語の主語が、いつも文の先頭にあると思いこまないようにしましょう。

【問題２】 (1) **ア　暗い　　イ　雪**

論理的（ろんりてき）な関係といっても、私たちが日常使う言葉では、それほどむずかしいことはありません。むしろ、わかりやすくするために論理的関係を使うと思ってください。ここでは「夜」とイコールの関係にあるのは「暗い」ですが、「影」でも正解（せいかい）とします。

(2) **夜・浮かびあがって**

暗い夜がやってきたのに、雪は白く浮かびあがっていたというところが、この文の要点です。したがって、「夜」は「暗い夜」としても正解です。

【問題３】 (1) **お母さんのおなかの下へはいりこむ。目をぱちぱちさせる。あっちやこっちを見る。歩いて行く。**

登場人物（ここでは動物）の動作を追うことも、要点のひとつです。ここでは動作の主がすべて子狐なのですが、ふくざつな文では主語がとちゅうで変わったりすることもあります。

(2) **お母さんのおなかの下**

指示代名詞（しじだいめいし）の内容を問う問題では、必ず直前を見ること。もしそこになければ、少しはなれた前のほうまで見にいけば、必ず見つけることができます。

【問題４】

(1)

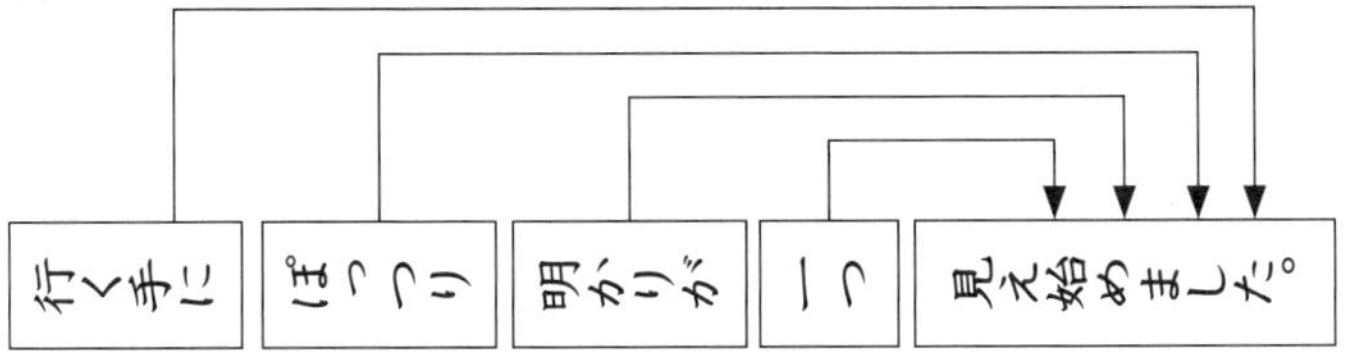

行く手に
ぽっつり
明かりが
一つ
見え始めました。

線で言葉のつながりを示す方法にはいろいろありますが、ここでは、□で囲まれた一つの言葉から一本の線が出て、一か所につながるようにしています。

(2)

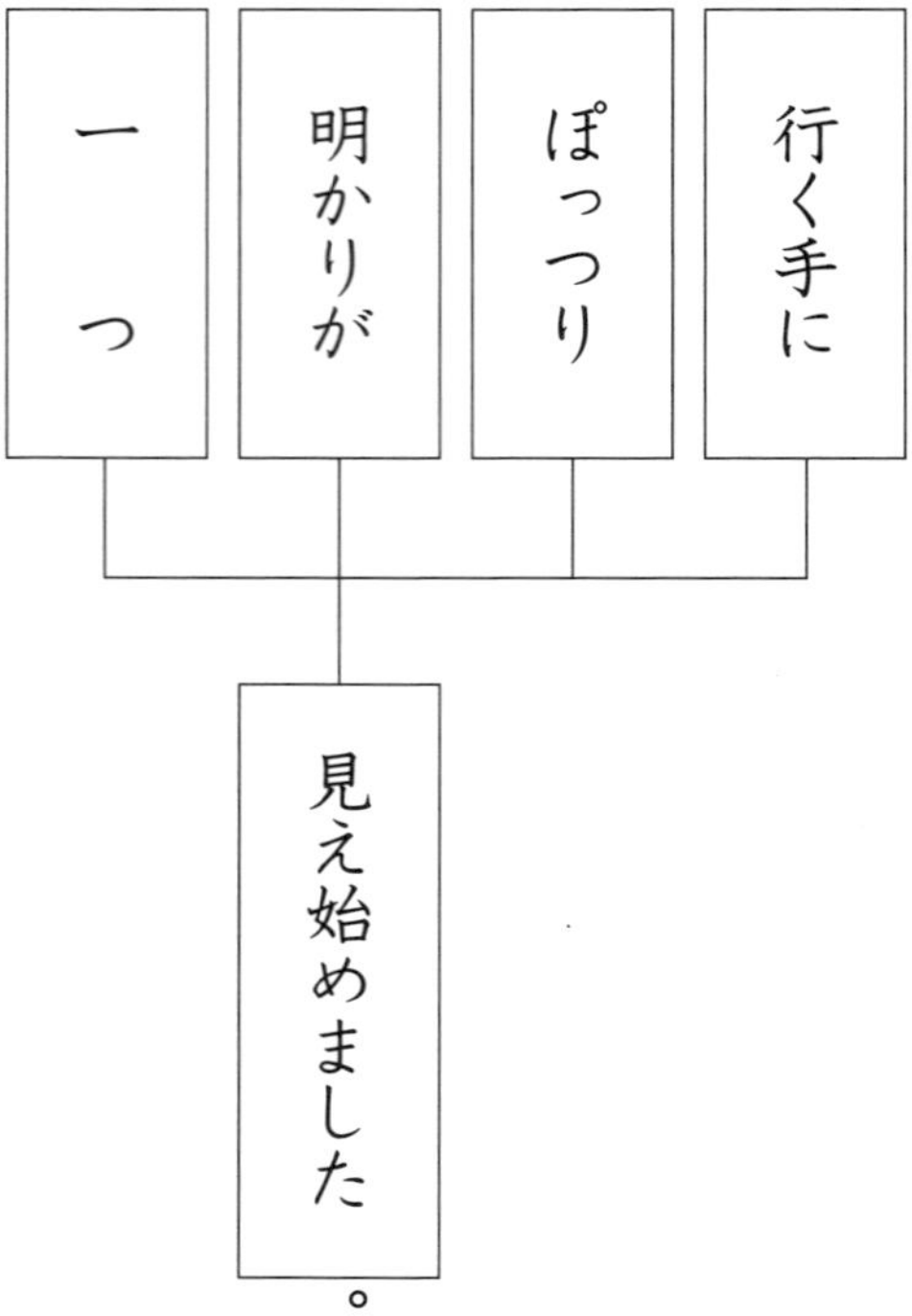
行く手に
ぽっつり
明かりが
一つ
見え始めました。

中心が主語・述語だということは忘れないでください。(1)で見たとおり、すべての言葉が述語へとつながっています。

(3) 明かりが見え始めました。

字数制限によって、要点の書き表し方は変化します。ここでは、主語・述語だけで字数を満たすので、それがそのまま要点となります。

【問題5】 町の明かりを星とまちがえたから

——線部の直前にある「それ」から、子狐が町の明かりを星とまちがえたことがわかります。要点を答える場合、指定された字数に文を整える必要があります。

【問題6】 (1) およしなさ〜ことでした

回想の部分は過去（かこ）のことで、今のことではありません。主語も変わっているので、ぬき出しやすいでしょう。

(2) 町の灯・逃げた・友達・盗もう

「足がすすまない」ことの理由を、問題文から順を追ってぬき出していく練習です。町の灯を見てとんでもないことを思い出したこと、そしてその内容を順番通りにぬき出せましたか。

【問題7】 (1) 子狐

「何の手ですか?」という問いなので、子狐の手が答えになります。この時点ではまだ人間の手に変えられてはいません。

(2) 人間の子どもの手に変えられてしまった、子狐の手

「どんな手ですか?」という問いなので、その手のようすや性質について答えなければなりません。指示代名詞のすぐ前を見ること、そしてこの時点では人間の手になっていることを確認（かくにん）しましょう。

(3) 人間の手に変えられてしまった自分の手

「本文からぬき出しなさい。」とあるので、「これ」の指すものをそのまま文中からぬき出します。四行前の「人間の子どもの手」も同じものを指しているように思えるかもしれませんが、子狐にとっては「自分の手」なのです。

【問題8】 ① **へ(に)** ② **の** ③ **が** ④ **に** ⑤ **を**
⑥ **が** ⑦ **を** ⑧ **は** ⑨ **と** ⑩ **か**
⑪ **ら** ⑫ **を** ⑬ **に** ⑭ **て** ⑮ **の**

一字の助詞は「て・に・を・は」のほか、「へ・が・も・の・と」などがあります。⑩⑪は二文字の助詞「から」です。

【問題9】

(1) **人間は恐ろしい（こと）**

人間の恐ろしさの具体例を二つあげて、最後にまとめています。二つの具体例に「恐ろしい」という言葉は入っていません。もっとも言いたいことは最後の部分です。末尾が「こと。」でまとまるように書きかえましょう。

(2) ① **手袋を売ってくれない**

② **おりの中へ入れちゃう**

「その理由」とは、人間の恐ろしさの具体例です。

(3) ②

「それどころか」という言葉でつながっているので、前に軽い例をあげて後を強調する表現（ひょうげん）だということがわかります。

【問題10】

(1) ① **ウ**　② **オ**　③ **イ**

ア〜オの中から、もっともふさわしい組み合わせを選びます。読書体験を積めば、このような表現を豊かに使いこなすことができるようになります。

(2) ① **すくむ**　② **からがら**　③ **め**

「すくむ」は「足」と、「からがら」は「命」と、つねにペアのようにして使われる慣用（かんよう）表現です。

ステップ5の答えとくわしい考え方

【問題1】 **に**

　ここは格助詞（かくじょし）「に」が入ります。「目あて」が目的地、または対象であることを表していると考えられます。

【問題2】 **(1)** **狐は野原にやって来る。**

　「来た」「見た」などの「た」については、助動詞と見る考え方と、過去形（かこけい）を作る変化語尾と見る考え方があります。「やって来る」のほかに「やって来ている」でも正解（せいかい）とします。

(2) **狐は野原にやって来たか。**

　述語の後に疑問（ぎもん）の終助詞「か」を付けると、疑問の文になります。

【問題3】 **(1)** **町の灯**

　「町の灯」と「明かり」とで、まようところでしょう。「見たものは、何ですか。」という問いに対し、「明かり」でもいいのですが、その明かりの正体は「町の灯」です。

(2) **星**

　「明かりには、星と同じように……思いました。」とあるので、町の灯と星がにていると子狐が見ていることがわかります。

(3) **赤や黄色や青があるという点**

　「星と同じように、」のあとに、町の灯と星のにている点が出ています。答えの字数を十五字以内に調整し、最後を「……点。」とすることをわすれないでください。

【問題4】 **イ（強めている言葉）**

　副助詞「も」の問題です。アとウは添加（てんか）、問題文とイは強調、特に「程度」の強調の意がふくまれていると考えられます。

【問題5】 **(1)** **イ**

　問題文は赤黄青がある明かりの例として、星をあげている文です。助動詞「ようだ」の、アは推量（すいりょう）、ウは比況（ひきょう……～ににている、～と同じである）、イは例示（れいじ）を表しています。

(2) **や**

　格助詞「や」は並立（へいりつ）する複数（ふくすう）のものをしめすときに使います。

【問題6】 **(1)** **エ**

　文の前後から逆接（ぎゃくせつ）でつながるらしいとわかります。イとエが逆接ですが、確定（かくてい）の逆接となる接続助詞「が」がここに入ります。

(2) **ア**

　ここには「だけ」と同じ限定（げんてい）の意を持つ副助詞「ばかり」が入ります。

【問題7】

(1) **オ**

家々が戸をしめてしまった町で、子どもの狐が帽子屋をさがすことができた原因（げんいん）・理由（りゆう）を「ので」でしめしています。

(2) **ウ**

ウは手段（しゅだん）・方法をしめす格助詞で、問題文と同じです。アは場所をしめす格助詞、イは推量の助動詞「でしょう」の一部です。

(3) **ように・のか**

三字のほうは比況の助動詞「ようだ」の連用形「ように」が入ります。二字のほうは格助詞「の」＋疑問の終助詞「か」が入ります。

(4) **古いかべ**

「古いかべ」はペンキのはげた看板を形容（けいよう）するたとえとしてあげられたもので、他はすべて看板を指しています。

【問題8】

ア **帽子屋以外に見つかった店がある。**

イ **帽子屋以外に見つかった店がない。**

「が」は主格の格助詞、主語に付きます。「も」は添加の意を、「だけ」は限定の意をそえる副助詞です。

【問題9】

(1) **は**

夜、人に会ったときのあいさつの言葉です。「今晩は……」と続けたあいさつの続きを略（りゃく）した形です。

(2) **くらい・ばかり**

「ほど」は程度（ていど）をしめす副助詞です。同じ仲間には「くらい」「ばかり」があります。

(3) **家の中の明かり**

家の中の明かりが、開いた戸の間から外にもれたようすを「光の帯」と形容しています。

【問題10】

(1) **木の葉が→木の葉で**

「が」は主語をしめす格助詞。ここは木の葉を使ってという意味なので、手段をしめす格助詞「で」が入ります。

(2) **思いましたけど→思いましたので・手を→手に**

「けど」は逆接（ぎゃくせつ）の確定条件（じょうけん）をしめす接続助詞。ここは順接でなければ文意がつながりません。「を」は「持たせ」るものが「手」であることをしめす格助詞。「に」は、持たせる相手が「手」であることをしめす格助詞になります。

【問題11】

1 **イ**　2 **オ**　3 **ア**　4 **キ**　5 **カ**

6 **エ**　7 **ウ**

1は断定（だんてい）の助動詞終止形、2は打ち消しの助動詞「ない」の連用形、3は過去の助動詞終止形、4はていねいの助動詞連用形、5は疑問の副助詞、6は希望の助動詞終止形、7は推量・意志・勧誘（かんゆう）の助動詞終止形ですが、ここでの意味は婉曲（えんきょく）です。

【問題12】

(1) **イ**

形容詞「ない」と助動詞「ない」は、見分けがむずかしいものです。ここではかんたんな見分け方を一つ紹介しています。

(2) ① **打ち消し** ② **付属** ③ **自立**
④ **付属** ⑤ **できる** ⑥ **助動**

助動詞「ない」は形容詞と同じ活用をするので、形容詞の「ない」との見分けがむずかしいものです。助動詞「ない」は動詞および動詞型活用の助動詞の未然形（みぜんけい）につき、そのほかにつくものは形容詞の「ない」です。

【問題13】 **(1)** **洞穴の中で眠る。**

「眠ろう」の「う」は意志の助動詞「う」の終止形です。これをぬき去ると、「洞穴の中で眠る。」になります。語尾を終止形に直すのをわすれないようにしましょう。

(2) **洞穴の中で眠った。**

過去形にするには過去の助動詞「た」を使います。「た」は連用形に接続するので「眠りた」となるはずですが、促音便（そくおんびん）になります。

(3) **洞穴の中で眠ります（眠るのです）。**

ていねいの助動詞「ます」を使います。これも連用形に接続するので「眠ります」となります。ていねいの断定である「です」も使えますが、その場合は助詞「の」を間に入れます。

(4) **坊やも早くねんねする。**

「しなさい」はサ変動詞「する」の連用形に、尊敬（そんけい）の助動詞「なさる」の命令形がついたもの。助動詞を取り、終止形に変えれば「する」になります。

【問題14】 ① **し** ② **すれ** ③ **し**

サ変動詞「する」の活用形が入ります。①は意志の助動詞「よう」がつくので未然形（みぜんけい）。②は仮定（かてい）の接続助詞「ば」がつくので仮定形。③は過去（かこ）の助動詞「た」がつくので連用形になります。

【問題15】 **(1)** **ろう** **(2)** **えられる** **(3)** **まい**
(4) **らしい** **(5)** **ように**

(1)「つもり」は名詞ですが、「……しようとする意図」を意味しています。これは意志の助動詞「う」を使って言いかえることができます。(2)は可能（かのう）の助動詞「られる」を使うことができます。(3)は口語ではほとんど使われませんが、お話やお芝居（しばい）では使われています。親しんでおきましょう。(4)は「だろう」も似たような推量（すいりょう）の助動詞です。しかし「だろう」は「ようだ」「らしい」よりも確信度（かくしんど）が高い推量なので、「どうやら」がある文にはふさわしくありません。「どうやら……だろう」という文の不自然さをたしかめてみてください。(5)の「みたいだ」は比況（ひきょう…～ににている）の助動詞なので、比況の助動詞「ようだ」で言いかえができます。

【問題16】 ア **ながら** イ **の** ウ **ので** エ **へ**
オ **て** カ **を** キ **まし** ク **た** ケ **に**

ア　二つのことが並行（へいこう）して行われることをしめす接続助詞。
イ　形式名詞の代わりに用いられる格助詞。
ウ　理由（りゆう）をしめす接続助詞。

エ　動作のおもむく方向をしめす格助詞。

オ　引用をしめす格助詞「と」の変化した形。

カ　動作の対象をしめす格助詞。

キ　ていねいの助動詞。

ク　過去（かこ）の助動詞。

ケ　断定の助動詞「だ」の連用形（形容動詞「ほんとうだ」の連用形の活用語尾〈かつようごび〉）。

【問題17】

④

④だけが月の光に照らされた描写（びょうしゃ）で、ほかは町の家々の光。④だけが自然光です。

小学館